Martin Luther King

Testament der Hoffnung

Letzte Reden, Aufsätze und Predigten

Eingeleitet und übersetzt von
Heinrich W. Grosse

Gütersloher Verlagshaus Gerd Mohn

Den letzten Reden, Aufsätzen und Predigten Martin Luther Kings in diesem Band liegen die folgenden amerikanischen Originalbeiträge zugrunde: A Testament Of Hope (1968), A New Sense Of Direction (1967), Showdown For Nonviolence (1968), Vietnam And The Struggle For Human Rights (1967), The Domestic Impact Of The War In Vietnam (1967), Vietnam Is Upon Us (1968), I've Been To The Mountain-Top (1968), The Drum Major Instinct (1968) und I Have A Dream (1963). Die Rechte © liegen bei: Martin Luther King, Jr. Estate.

CIP-Kurztitelaufnahme der Deutschen Bibliothek

King, Martin Luther:
Testament der Hoffnung: letzte Reden, Aufsätze
u. Predigten / Martin Luther King. Eingel. u. übers.
von Heinrich W. Grosse. – Orig.-Ausg., 4. Aufl.,
(25.–32. Tsd.). – Gütersloh: Gütersloher
Verlagshaus Mohn, 1981.
  (Gütersloher Taschenbücher Siebenstern; 79)
  Einheitssacht.: A testament of hope ⟨dt.⟩
  ISBN 3-579-03879-6

NE: GT

Originalausgabe

ISBN 3-579-03879-6

4. Auflage 1981 (25.–32. Tsd.)
© Gütersloher Verlagshaus Gerd Mohn, Gütersloh 1974
Gesamtherstellung: Clausen & Bosse, Leck
Umschlagentwurf: Dieter Rehder, Aachen
Bildnachweis: Umschlag-Vorderseite: Evangelische Zentralbildkammer,
Witten; Umschlag-Rückseite: dpa Bilddienst, Frankfurt am Main.
Printed in Germany

Inhalt

Vorwort 7

Einleitung 9

1. Ein Testament der Hoffnung 19

2. Ein neuer Richtungssinn 41

3. Gewaltlosigkeit in der Entscheidung 63

4. Vietnam und der Kampf für die Menschenrechte . . . 75

5. Die innenpolitische Auswirkung des Vietnamkrieges . . 93

6. Vietnam geht uns alle an 101

7. Ich bin auf dem Gipfel des Berges gewesen 107

8. Der »Tambourmajor-Instinkt« (Auszug) 119

Anhang
9. Ich habe einen Traum 121

Vorwort

Die in dieser Ausgabe gesammelten Reden, Aufsätze und Predigten Martin Luther Kings sind eindrucksvolle Dokumente jener Rhetorik, die die amerikanischen Negerkirchen, besonders aber schwarze baptistische Prediger auszeichnet. Ich habe mich bemüht, die plastische, bilderreiche und visionäre Sprache Kings auch im Deutschen soweit wie möglich zu bewahren.

King hat nur wenige seiner Reden selber mit einem Titel versehen. Ich habe daher die von den amerikanischen Herausgebern gewählten Titel übernommen, die auf einen Grundgedanken des jeweiligen Dokuments hinweisen.

Von einem Predigtauszug abgesehen, sind alle Reden und Aufsätze in ihrer vollen Länge abgedruckt.

Dem Sprachgebrauch Kings folgend habe ich die Bezeichnungen »Neger«, »Schwarzer« und »Afro-Amerikaner« synonym verwendet.

Der Furche-Verlag genehmigte freundlicherweise den Wiederabdruck der deutschen Übersetzung jener Rede, die King am 4. April 1967 in New York gehalten hat (»Vietnam und der Kampf für die Menschenrechte«).

Mein Dank gilt auch Herrn Professor Dr. Hans-Eckehard Bahr, Bochum, der den Plan einer Veröffentlichung der hier gesammelten King-Reden von Anfang an gefördert hat.

Frau Ingeborg Fuchs und Frau Karin Jürgens sowie Lutz Junghanns und Friedrich Kruse haben dazu beigetragen, daß das Manuskript rechtzeitig für den Druck fertiggestellt wurde.

Wolfsburg, im September 1973   *Heinrich W. Grosse*

Einleitung

Amerika soll wieder Amerika sein.
Wieder der Traum, der es einmal war.
(Amerika ist für mich nie Amerika gewesen.)

Es soll wieder das Land sein, wo man der Freiheit
keinen falschen patriotischen Kranz umhängt,
sondern wo Gleichheit in der Luft liegt,
die wir atmen.
(Für mich hat es nie Gleichheit gegeben,
noch Freiheit in dieser »Heimat der Freien«.)

O ja,
ich sage es offen heraus,
Amerika ist für mich nie Amerika gewesen,
und doch schwöre ich diesen Eid –
es wird dieses Amerika einmal geben!
(Langston Hughes, 1902–1967,
Harlem, New York City)

Am 4. April 1968 wurde Martin Luther King ermordet. Sein Name ist in der Bundesrepublik, besonders in kirchlichen Kreisen, lebendig geblieben. Als »Apostel der Gewaltlosigkeit« wird er immer wieder beschworen. Um so auffälliger ist die Tatsache, daß die Befreiungsbewegung der amerikanischen Neger, zu deren Führern King gehörte, fast völlig aus dem Bewußtsein der Öffentlichkeit geschwunden ist. Weder Sympathisanten noch Gegner wollen sich das fertige Bild von Martin Luther King durch die Analyse seiner tatsächlichen politischen Wirkung stören lassen.
Welche Entwicklung hat die Freiheitsbewegung der Afro-Amerikaner seit 1968 durchlaufen?
Bald nach Kings Tod gab es nur sehr wenige Negerführer, die nationale Prominenz besaßen: Malcolm X und Martin Luther King waren ermordet worden, Whitney Young starb 1972, Stokely

Carmichael und Eldridge Cleaver befanden sich im Exil, Rap Brown im Gefängnis. Diese Situation veranlaßte viele Bürgerrechtler, das Schwergewicht ihrer Tätigkeit von der nationalen auf die lokale Ebene zu verlegen. Es entstanden Tausende von Basisinitiativen, deren Ziel »Black Power« – also wirtschaftliche, politische und kulturelle Macht im eigenen Lebensbereich – war.

Verglichen mit dem kämpferischen Enthusiasmus des Jahrzehnts von 1955 bis 1965 zeigte sich jedoch bei vielen Schwarzen zunehmend Desillusionierung und Resignation. Entscheidende Ursache dafür dürfte die Politik der Nixon-Regierung sein. Nixon, von der »schweigenden Mehrheit« der Amerikaner gewählt, trug dem Rechtsruck bei den Präsidentschaftswahlen Rechnung: Mit der Behauptung, die Neger könnten politisch mehr erreichen, wenn sie auf öffentliche Forderungen und Demonstrationen verzichteten, leitete der negerfeindliche Präsident eine Phase des »benign neglect«, der »wohltuenden Vernachlässigung« der Rassenprobleme ein. U. a. kürzte bzw. strich er die Mittel für Sozialprogramme und Wählerregistrierungsprojekte, ernannte negerfeindliche Richter für den Obersten Gerichtshof und boykottierte die Aufhebung der Rassentrennung in den Schulen.

Viele weiße Liberale aus den Nordstaaten, traditionelle Verbündete der schwarzen Bürgerrechtler, haben sich aus der Freiheitsbewegung zurückgezogen: Es gilt nicht länger als »chic«, sich für die Rechte der – militant und unbequem gewordenen – Schwarzen einzusetzen. In den letzten Jahren beanspruchten zunächst der Vietnamkrieg und dann die innenpolitischen Skandale der Nixon-Regierung (Pentagon-Papiere, Fall Berrigan, Watergate) das Engagement der Liberalen. Die politische Studentenbewegung begab sich schließlich in die »innere Emigration«. Brutale Gewaltakte wie die Ermordung schwarzer Häftlinge in Attica und San Quentin und schwarzer Studenten in Jackson, Mississippi, führten daher zu keiner spürbaren Protestreaktion der weißen Bevölkerung. Auch das »Schwarze Manifest« von 1969, in dem militante Schwarze von den weißen Christen und Juden der USA Wiedergutmachungszahlungen in Höhe von 500 Millionen Dollar forderten, veranlaßte nur wenige Kirchenleitungen und -gemeinden zu Schritten praktischer Buße.

Es verwundert nicht, daß die Freiheitsbewegung der Afro-Amerikaner, von der entmutigenden Politik Nixons gelähmt und nationaler Führer wie finanzieller Mittel beraubt, in eine Krise geraten ist. Die Bewegung ist in viele kleine Gruppen aufgespalten – eine Entwicklung, die in erster Linie sicher eine Auswirkung der Regierungspolitik ist, in zweiter Linie aber auch auf unterschiedliche Strategien wie auf kleinliche Rivalitäten zurückzuführen ist. Die militanteste und aktivste Gruppe der frühen 60er Jahre, das »Gewaltlose Studentische Koordinationskomitee« (SNCC), hat sich sogar aufgelöst.

Den größten Rückhalt in der schwarzen Bevölkerung hat z. Z. wohl die »Christliche Führungskonferenz des Südens« (SCLC), jene von schwarzen Pastoren aus dem Süden geleitete Bürgerrechtsorganisation, deren Präsident Martin Luther King bis zu seinem Tode war. Doch befindet sich auch die SCLC in einer ernsthaften Krise: Kings Nachfolger, Pastor Ralph Abernathy, drohte im Sommer 1973 mit seinem Rücktritt, da er eine hinreichende personelle und finanzielle Unterstützung der SCLC-Arbeit vermißte. Tatsächlich haben mehrere Mitarbeiter – darunter der charismatische Negerpastor Jesse Jackson aus Chicago – die SCLC inzwischen verlassen, um eigene Projekte zu beginnen. Boykotts von Firmen, die Neger bzw. Wanderarbeiter ausbeuten, und Programme zur politischen Schulung der Armen kann die SLC nur noch in sehr begrenztem Rahmen durchführen. Denn das von der Witwe Kings vorrangig geförderte Projekt eines »Martin-Luther-King-Gedächtnis-Zentrums« in Atlanta ist finanziell sehr aufwendig. Sentimentale Erinnerung an eine verklärte Vergangenheit verstellt so den Blick für die dringenden Erfordernisse der Gegenwart.

Die erstaunliche Tatsache, daß es seit der Ermordung Kings keine größeren Gettounruhen gegeben hat, ist schwer zu deuten. Einerseits dürfte dies eine Folge der wachsenden Resignation vieler Gettobewohner sein. Denn die wirtschaftliche Situation der schwarzen Amerikaner hat sich in den letzten Jahren relativ und teilweise auch absolut verschlechtert: 10 % aller Schwarzen sind arbeitslos, 35 % gelten im Sinne einer regierungsamtlichen Klassifizierung als arm. Andrerseits dürfte das Ausbleiben von Gettounruhen Zeichen wachsenden politisch-taktischen Bewußtseins unter den Schwarzen sein: Sie haben erkannt, daß Unruhen nur verstärkte Repressionen der weißen Mehrheit provozieren.

Konsequent haben fast alle Gruppen der Befreiungsbewegung in den letzten Jahren versucht, die kommunale und parlamentarische Vertretung der Neger zu verbessern. Tatsächlich ist die Zahl schwarzer Kongreßabgeordneter und Bürgermeister stark gestiegen. Vor allem im kommunalen Bereich haben die Neger ihre politische Macht spürbar vergrößern können.

Das ist nicht zuletzt Auswirkung eines neuen Selbstbewußtseins. Solange sich die Neger nur mit den Augen der Weißen aus der Mittelschicht ansahen und so selbst als minderwertig und verächtlich einstuften, waren sie unfähig, eigene Macht- und Einflußsphären in den Kommunen aufzubauen. Erst die Rückbesinnung auf die eigene afro-amerikanische Kultur und Geschichte und die Selbstvergewisserung der eigenen Schönheit befreite sie zum erfolgreichen Kampf um »Black Power«.

Trotz des Verlusts ihrer überregionalen Führer, trotz des Rückzugs ihrer weißen liberalen Mitstreiter, trotz der negerfeindlichen Nixon-Regierung, trotz gewisser Resignation in den eigenen Reihen hat die Befreiungsbewegung seit Kings Ermordung zweifellos einen neuen Stand erreicht. Dennoch erscheint es mir aus mehreren Gründen sinnvoll, Reden, Aufsätze und Predigten Kings aus den Jahren 1966–1968 zu veröffentlichen.

Erstens läßt sich m. E. kaum bestreiten, daß jene Stellungnahmen Kings zu gesellschaftlichen Problemen durch die Ereignisse der letzten Jahre keineswegs überholt, sondern eher bestätigt worden sind (siehe S. 41 ff.).

Zweitens – und das ist ein Hauptmotiv der vorliegenden Publikation – sollen jene Reden, Aufsätze und Predigten das unbewußte und bewußte Mißverständnis Kings als eines »harmlosen Apostels der Gewaltlosigkeit« korrigieren helfen.

Es ist ja auffällig, daß sich in der Bundesrepublik Vertreter der Kirchen ebenso wie Politiker häufig auf King als einen gewaltlosen Reformer berufen, um so gesellschaftskritische Minderheiten als gewalttätig oder zu Gewalt neigend besser diskreditieren zu können. Gerade dagegen sperren sich die späten Äußerungen Kings aus den Jahren 1966–1968 allzu offensichtlich. Und so ist es wohl kein Zufall, daß die meisten von ihnen – im Unterschied zu früheren Äußerungen – nie in deutscher Sprache veröffentlicht worden sind.

Was unterscheidet die Reden und Aufsätze des »späten« King von denen aus den Jahren 1955–1965?

Generell läßt sich sagen: in der letzten Phase seines Wirkens korrigierte er frühere optimistische Prognosen über die zukünftigen Rassenbeziehungen, seine Kritik des amerikanischen Gesellschaftssystems wurde schärfer und präziser. Das zeigt eindrucksvoll ein Vergleich seiner berühmten Rede anläßlich des »Marsches auf Washington« (1963) mit den Reden gegen den Vietnamkrieg (1967/68) (siehe S. 121 ff. und 75 ff.).

Als King nach den schweren Rassenunruhen von 1965 eine kritische Bilanz des ersten Jahrzehnts der Bürgerrechtsbewegung zog, erkannte er deutlicher als zuvor den institutionellen Charakter des amerikanischen Rassismus (siehe S. 41 ff. und 63 ff.).

Die Reaktion der weißen Bevölkerung auf die Freiheitsbewegung (»white backlash«) zeigte, »daß der weiße Rassist und der gewöhnliche weiße Bürger mehr miteinander gemeinsam haben als mit den Negern.«

Zur gleichen Zeit verlagerte King das Schwergewicht seiner Kritik vom Rassismusproblem auf das Problem der Armut. Da die Zahl der armen weißen Amerikaner die der schwarzen noch übersteigt – wenngleich der relative Anteil der Armen in der schwarzen Bevölkerung erheblich höher ist –, bezeichnete er nun wirtschaftliche Benachteiligung und Ausbeutung als das Grundproblem der amerikanischen Gesellschaftsordnung (siehe S. 63 ff.).

Schließlich bildeten die innenpolitischen Konsequenzen des Vietnamkrieges einen wesentlichen Anstoß für die Verschärfung seiner Gesellschaftskritik. Er betonte mit Nachdruck die Unvereinbarkeit des von Johnson proklamierten »Krieges gegen die Armut« mit dem Krieg in Vietnam (siehe S. 93 ff.).

Die meisten Repräsentanten der Befreiungsbewegung beschränkten ihre Gesellschaftskritik auf den innenpolitischen Bereich, ja oft versuchten sie, durch eine betont positive Beurteilung der Außenpolitik ihre patriotische Loyalität zu bekunden. King brach mit dieser Tradition und sprach seit dem Ende des Jahres 1966 ständig von der »Wechselbeziehung zwischen Rassismus, Armut und Militarismus« (siehe S. 75 ff.). Er machte die »erz-anti-revolutionäre« Politik der USA mitverantwortlich für die »internationale Notsituation, unter der die Armen, die Besitzlosen und die Ausgebeuteten der ganzen Welt leiden«. »Zur Routine Amerikas gehört die Unterdrückung der Armen.«

Aus dem Zusammenhang von Rassismus, Armut und Krieg leitete King pessimistische Prognosen für die Zukunft der amerikanischen Gesellschaft ab. Nur durch seinen Tod wurde er daran gehindert, in der Ebenezer-Kirche in Atlanta eine Predigt zu halten, deren Thema lautete: »Warum Amerika zur Hölle gehen könnte« (»Why America May Go To Hell«).

Die Ergebnisse seiner Gesellschaftsanalyse veranlaßten ihn zu

weitgehenden Folgerungen; so erklärte er 1967: »Jahrelang müh-
te ich mich ab mit dem Gedanken, die bestehenden Institutionen
der Gesellschaft zu reformieren, eine kleine Veränderung hier,
eine kleine Veränderung da. Jetzt bin ich ganz anderer Meinung,
ich denke, eine Rekonstruktion der Gesellschaft, eine Revolution
der Werte ist notwendig.« »Ein Gebäude, das Bettler hervorbringt, muß neu gebaut werden. ... Man beginnt die Frage zu stellen: Wer besitzt das Öl? ... Wer besitzt das Eisenerz?«
Kings Überlegungen in dieser Richtung sind m. E. auch dann be-
denkenswert, wenn man zu dem Ergebnis kommt, daß seine politische Praxis nicht immer solchen theoretischen Analysen ent-
sprach. Auch in seinen verbalen Äußerungen zeigen sich gelegentlich Spannungen: offensichtlich war King selber unsicher, ob
eine politische »Umkehr« der USA möglich sei oder nicht.
Immerhin zog King praktische Konsequenzen aus der skizzierten
Analyse der amerikanischen Gesellschaft.
Wenige Monate vor seinem Tod entwickelte er einen Plan zur politischen Mobilisierung aller Unterprivilegierten (siehe S.
63 ff.). Eine »Kampagne der Armen« in Washington sollte die
amerikanische Nation mit der Armut im eigenen Land konfron-
tieren. Die für das Frühjahr 1968 geplanten Aktionen sollten
nicht auf die Negerbevölkerung beschränkt sein, sondern erst-
mals Arme aus allen ethnischen Gruppen vereinen. Ihr Ziel war:
»Macht für die Armen« (»poor people's power«)! (siehe S.
106 u. S. 63 ff.).
Mit der – nach seinem Tod auch durchgeführten – »Kampagne
der Armen« verfolgte King ein zweites Ziel: er wollte der wachsenden Zahl seiner Kritiker die Effektivität gewaltloser Methoden
demonstrieren. Dabei betonte er selber, daß in Zukunft nur diszi-
plinierte gewaltlose Aktionen auf Massenbasis Erfolg versprechen würden, die gegebenenfalls bis zur Stufe zivilen Ungehorsams eskaliert werden müßten (siehe S. 63 ff.).
Die Erkenntnis des strukturellen »Zusammenhangs von Rassismus, Armut und Krieg« führte King schließlich in die erste Reihe
der Vietnamkriegsgegner – eine Tatsache, die in der Bundesrepublik kaum zur Kenntnis genommen bzw. gewürdigt worden ist.
Er wurde zum »Sprecher für die, die keine Stimme haben«, und
nahm an vielen Protestaktionen gegen den Vietnamkrieg teil.
Das Eintreten für die Unterprivilegierten innerhalb und außerhalb der USA, die Befürwortung zivilen Ungehorsams und der
unmißverständliche Widerstand gegen den Vietnamkrieg: dies

alles ließ die Popularität des Friedensnobelpreisträgers ab 1966 rapide sinken. Er war nicht mehr der »Renommierneger der Weißen«. Die amerikanische Regierung, konservative Bürgerrechtler und weiße Liberale schlossen sich dem Chor der »schweigenden Mehrheit« an, der King als unpatriotisch, als kommunistisch, als »Gewaltapostel« und als Zerstörer einer einheitlichen Bürgerrechtsbewegung zu verteufeln suchte. Die »Verdrängung« des »späten« King in der Bundesrepublik ist insofern nicht überraschend.

Schließlich möchte ich noch ein drittes Motiv für die Publikation der folgenden Reden nennen: In der Bundesrepublik ist es äußerst umstritten, ob bzw. in welcher Weise ein Zusammenhang zwischen christlichem Glauben und politischer Praxis besteht. Kings Äußerungen, die sich nicht auf einer abstrakt-theoretischen Ebene bewegen, sondern von praktischen Erfahrungen geprägt sind, könnten vielleicht manchen veranlassen, die fatale Alternative: Evangeliumsverkündigung oder politische Aktion? aufzugeben.

In einem Interview erklärte King: »Alles, was ich in Sachen Bürgerrechte tue, sehe ich als Teil meines Dienstes als Pastor an, da ich der Ansicht bin, daß das Evangelium dem ganzen Menschen dient. Es genügt nicht, sich um die Seele des Menschen zu kümmern, man muß sich um den Körper und die Umweltbedingungen kümmern, die die Seele verletzen.«

In Reden und Aktionen legte King die emanzipationsfreundliche Dimension christlicher Motive wie »Gottesebenbildlichkeit«, »Bruderschaft« und »Versöhnung« frei. Die eindrucksvolle Predigt, die er am Abend vor seiner Ermordung hielt, zeigt, in welcher Weise er die biblische Tradition des Befreiungskampfes der Israeliten aktualisierte (siehe S. 107 ff.). Der Kampf der Propheten für soziale Gerechtigkeit und das Eintreten Jesu für die Diskriminierten gewannen den Charakter einer »gefährlichen Erinnerung«. »Jene gefährliche Erinnerung ... durchbricht den Zauberkreis des herrschenden Bewußtseins. Sie reklamiert unausgestandene verdrängte Konflikte und unabgegoltene Hoffnungen« (J. B. Metz).

Entsprechend bestimmte King die Rolle der Kirche, der Pastoren wie der Gemeindemitglieder: Ihre primäre Aufgabe besteht darin, »Stimme derer zu sein, die keine Stimme haben«. Ihre Aufgabe ist es also nicht, in bewußter »Neutralität« alle sozialen Gruppen gleichermaßen zu betreuen. Gerade die Parteinahme für die sozial

Deklassierten macht die Kirche zum Anwalt einer versöhnten Weltgesellschaft, die gegen den Widerstand egoistischer Einzelinteressen durchgesetzt werden muß.

Kings Lebenswerk bedeutet eine Herausforderung für alle Christen in der Bundesrepublik – jeder Christ muß sich zwischen zwei Kirchen entscheiden:

Die eine ist die »Kirche der Respektablen« und der »schweigenden Mehrheit« – ihr Bekenntnis lautet: Gesetz und Ordnung!

Die andere ist die »Stimme derer, die keine Stimme haben« – ihr Ziel ist die versöhnte Weltgesellschaft, eine Gemeinschaft der Gerechtigkeit und Brüderlichkeit.

Freilich: Die Konsequenzen einer solchen Entscheidung sind äußerst unterschiedlich, wie ein Vergleich zwischen Billy Graham und Martin Luther King zeigt.

Billy Graham stellte sich im Kriegsjahr 1970 als Hauptredner für einen von Präsident Nixon angeregten Feiertag zur Verfügung, der unter dem Motto stand: »Ehrt Amerika!« Er ist zum Hoftheologen des Weißen Hauses geworden.

Martin Luther King wurde gegen Ende seines Lebens vom Weißen Haus zur »unerwünschten Person« erklärt. Er ließ sein Leben als Mitkämpfer für streikende, unterbezahlte Müllarbeiter.

Martin Luther King

1. Ein Testament der Hoffnung*

Immer wenn ich nach meiner Meinung zu dem gegenwärtigen Stand der Bürgerrechtsbewegung gefragt werde, muß ich innehalten. Es ist nicht einfach, eine Krise zu beschreiben, die so tief ist, daß sie die mächtigste Nation der Welt in Verwirrung und Ratlosigkeit gestürzt hat. Die gegenwärtigen Probleme sind so akut, weil die tragischen Ausflüchte und Fehler mehrerer Jahrhunderte katastrophale Ausmaße angenommen haben. Wir können uns den Luxus einer gemächlichen Hinwendung zu dringlichen Lösungen – einen bequemen Gradualismus – nicht mehr leisten, weil die Probleme zu lange ignoriert wurden. Die Nation wartete, bis der Schwarze vor Wut explodierte, bevor sie sich dazu bequemte, sich wenigstens teilweise um die Probleme zu kümmern. Jetzt aber, konfrontiert mit den zusammenhängenden Problemen des Krieges, der Inflation, des Verfalls der Städte, des »weißen Gegenschlags« und des Klimas der Gewalt, ist sie *gezwungen*, sich den Rassenbeziehungen und der Armut zuzuwenden. Und sie ist tragischerweise unvorbereitet. Was einmal eine Reihe isolierter Probleme gewesen sein mag, ballt sich nun zusammen zu einer sozialen Krise von verblüffender Komplexität.
Ich bin nicht unglücklich darüber, daß schwarze Amerikaner rebellieren. Das war nicht nur unvermeidlich, sondern ausgesprochen wünschenswert. Ohne dieses großartige Ferment unter den Negern hätten die alten Ausflüchte und Verzögerungen auf unbestimmte Zeit weiter bestanden. Die Schwarzen haben die Tür hinter einer Vergangenheit in abstumpfender Passivität zugeschlagen. Außer in der Rekonstruktionszeit haben sie in ihrer langen Geschichte auf amerikanischem Boden nie mit so viel Phantasie und Mut für ihre Freiheit gekämpft. Dies sind die hellen Jahre, in denen wir sichtbar geworden sind. Wenn sie auch Schmerzen bereiten – wir können sie nicht vermeiden.
Aber obwohl wir unsere Schritte vergrößern, eilt die Geschichte

* Posthum veröffentlichter Aufsatz, den King im Frühjahr 1968 schrieb.

so schnell voran, daß die ererbten und auferlegten Benachteili-
gungen den Neger in einem ärgerlichen Kriechgang festhalten.
Der Mangel an Ausbildung, der ständige Ortswechsel als Folge
der Urbanisierung und die Verhärtung des weißen Widerstandes
drohen als so quälende Hindernisse, daß das Ziel manchmal nicht
wie ein fester Punkt in der Zukunft erscheint, sondern wie ein stets
zurückweichender, nie erreichbarer Punkt. Doch wenn uns Zweifel
befallen, dürfen wir uns daran erinnern, daß noch gestern Neger
nicht nur auf grobe Weise ausgebeutet wurden, sondern überhaupt als menschliche Wesen nicht anerkannt wurden. Sie waren
unsichtbar in ihrem Elend. Aber der verdrossene und schweigsa-
me Sklave von vor 110 Jahren – schlimmstenfalls ein Gegenstand
der Verachtung, bestenfalls ein Gegenstand des Mitleids – ist der
zornige Mann von heute. Er schreitet energisch vorwärts, er er-
zwingt Änderungen, statt auf sie in erschütternder Vergeblichkeit
zu warten. In weniger als zwei Jahrzehnten hat er gleichsam aus
dem Schlummer aufgeschrien, um so viele seiner Lebensbedingungen zu ändern, daß er vielleicht Mittel findet, seinen Marsch nach
vorn zu beschleunigen und die rasende Lokomotive der Geschichte
zu überholen.

Diese Worte klingen vielleicht unerwartet optimistisch in einer
Zeit, in der eine pessimistische Stimmung vorherrscht. Viele
Leute sind überrascht, wenn sie erfahren, daß ich ein Optimist
bin. Sie wissen, wie oft ich ins Gefängnis geworfen wurde, wie
oft meine Tage und Nächte mit Enttäuschung und Sorge angefüllt waren, wie verbissen und gefährlich meine Feinde sind. Sie
erwarten, daß diese Erfahrungen mich zu einem grimmigen und
verzweifelten Menschen machen. Sie begreifen nicht das Gefühl
der Bestärkung, das erzeugt wird durch die Herausforderung, den
Kampf aufzunehmen und die Hindernisse zu überwinden. Sie haben kein Verständnis für die Stärke, die aus dem Glauben an Gott
und den Menschen kommt. Ich mag straucheln, aber ich bin völlig sicher in dem Wissen, daß Gott uns liebt. Er hat unser Scheitern nicht geplant. Der Mensch hat die Fähigkeit, sowohl richtig
als auch falsch zu handeln, und seine Geschichte ist ein Weg
nach oben, nicht nach unten. Die Vergangenheit ist übersät mit
den Ruinen der Tyrannenreiche, und jedes dieser Reiche doku-
mentiert nicht nur die Fehler des Menschen, sondern auch seine
Fähigkeit, sie zu überwinden. Wenn es auch eine bittere Tatsache
im Amerika von 1968 ist, daß mir die Gleichheit verwehrt wird,
nur weil ich schwarz bin, so bin ich doch kein leibeigener Sklave.

Millionen von Menschen haben Tausende von Schlachten geführt, um meine Freiheit zu vergrößern. Es sind Fortschritte gemacht worden, so begrenzt sie auch sein mögen. Deshalb bleibe ich ein Optimist in bezug auf die vor uns liegenden Hindernisse, obgleich ich auch ein Realist bin.

Warum ist das Problem der Gleichheit in Amerika noch so weit von einer Lösung entfernt – in einer Nation, die behauptet, demokratisch, erfinderisch, aufgeschlossen für neue Ideen, produktiv und ungeheuer mächtig zu sein? Das Problem ist so hartnäckig, weil Amerika trotz seiner Tugenden und guten Eigenschaften bis in die Tiefe rassistisch ist und weil seine Demokratie in wirtschaftlicher und sozialer Hinsicht befleckt ist. Zu viele Amerikaner glauben, Gerechtigkeit werde sich ohne Schmerzen einstellen oder deren Ausbleiben werde von den Schwarzen ruhig hingenommen.

Gerechtigkeit für die Schwarzen wird nicht einfach von Gerichtsentscheiden in die Gesellschaft strömen, auch nicht aus den Quellen politischer Redekunst. Auch einige wenige symbolische Veränderungen werden das stürmische Verlangen von Millionen benachteiligter Schwarzer nicht stillen. Das weiße Amerika muß erkennen, daß Gerechtigkeit für die schwarzen Bürger nicht ohne radikale Veränderungen in der Struktur unserer Gesellschaft erreicht werden kann. Die Behaglichen, die Verschanzten, die Privilegierten dürfen nicht länger zittern bei der Aussicht auf eine Änderung des Status quo.

»Freiheit wird hart erkauft« – dieser Titel einer Erzählung von Stephen Vincent Benét enthält eine Botschaft für weiße wie schwarze Amerikaner. Wenn Millionen jahrhundertelang betrogen worden sind, dann ist Wiedergutmachung ein teurer Prozeß. Mangelhafte Ausbildung, schlechte Wohnverhältnisse, Arbeitslosigkeit und unzureichende Gesundheitsfürsorge – das sind die bitteren Aspekte der Unterdrückung, deren Erben wir sind. Die Lösung eines jeden dieser Probleme wird Milliarden Dollar kosten. Die so lange vorenthaltene Gerechtigkeit hat Zinsen akkumuliert, und ihr Preis wird für diese Gesellschaft beträchtlich sein, in finanzieller wie menschlicher Hinsicht. Diese Tatsache ist noch nicht voll begriffen worden, weil die meisten Gewinne des vergangenen Jahrzehnts zu Billigstpreisen erzielt wurden. Die Aufhebung der Rassentrennung in öffentlichen Einrichtungen kostete nichts. Das Gleiche gilt für die Wahl und Ernennung einiger weniger schwarzer Beamter.

Der Preis für den Fortschritt wäre in den besten Zeiten schon hoch genug gewesen, aber jetzt befinden wir uns in einer qualvollen nationalen Krise, weil mehrere tiefgreifende Probleme zu einer explosiven Mischung zusammengekommen sind. Die Welle schwarzen Freiheitsstrebens hat berechtigte Forderungen nach rassischer Gleichberechtigung in unseren Großstädten ausgelöst, zu einer Zeit, in der alle Probleme des Stadtlebens gleichzeitig aufgebrochen sind. Großstadtplagen gäbe es im Bereich der Schulen, des Transportwesens, der Wasserversorgung, des Verkehrs und der Kriminalität – ob nun Neger in den Städten wohnen würden oder nicht. Das Besondere dieser Periode ist unsere Unfähigkeit, eine Reihenfolge der Prioritäten herzustellen, die gute und gerechte Lösungen verspricht.

Millionen von Amerikanern begreifen langsam, daß wir einen unmoralischen Krieg führen, der jährlich fast 30 Milliarden Dollar kostet; daß wir den Rassismus am Leben erhalten; daß wir uns mit fast 40 Millionen Armen inmitten großen materiellen Wohlstandes abfinden. Aber sie sind unfähig, den Krieg zu beenden, die Hungrigen zu sättigen und Brüderlichkeit Wirklichkeit werden zu lassen. Das sollte unseren Glauben an uns selbst erschüttern. Betrachten wir ehrlich die Realitäten unseres nationalen Lebens, dann wird deutlich: wir bewegen uns nicht vorwärts; wir tappen herum und stolpern; wir sind zerstritten und verwirrt. Unsere moralischen Werte und unser inneres Vertrauen sinken, während unser materieller Reichtum zunimmt. Unter diesen schwierigen Umständen ist die Revolution der Schwarzen mehr als ein Kampf um Rechte für die Neger. Sie zwingt Amerika, sich all seinen zusammenhängenden Fehlern zu stellen: dem Rassismus, der Armut, dem Militarismus und dem Materialismus. Sie stellt Mißstände bloß, die in der Struktur unserer Gesellschaft tief verwurzelt sind. Sie offenbart systembedingte, nicht gerade oberflächliche Fehler und legt die Einsicht nahe, daß eine radikale Reorganisation der Gesellschaft die entscheidende vor uns liegende Aufgabe ist.

Es ist an der Zeit, daß wir mit unseren oberflächlichen Lippenbekenntnissen zu den Garantien von Leben, Freiheit und rechtmäßigem Glücksanspruch aufhören. Diese wunderbaren Ideen sind in der Unabhängigkeitserklärung enthalten, aber jenes Dokument war mehr eine Absichtserklärung als eine Aussage über die Wirklichkeit. Es gab Sklaven, als es geschrieben wurde; es gab noch Sklaven, als es angenommen wurde. Und bis auf den heutigen Tag haben schwarze Amerikaner kein Leben, keine Freiheit und kein Recht, ein glückliches Leben zu erstreben; und Millionen armer weißer Amerikaner befinden sich in wirtschaftlicher Knechtschaft, die kaum weniger bedrückend ist. Amerikaner, die wirklich unsere nationalen Ideen schätzen, die auch wissen, daß sie für allzu viele noch immer kaum greifbare Träume sind, sollten die stürmischen Forderungen der Neger begrüßen. Diese erschüttern die Selbstzufriedenheit, die zu der Anhäufung sozialer Mißstände führte. Die Agitation der Neger verlangt von Amerika eine Überprüfung seiner beruhigenden Mythen und wird vielleicht drastische Reformen in Gang setzen, die uns vor einer sozialen Katastrophe bewahren.

Wenn ich das weiße Amerika wegen seines eingefleischten und hartnäckigen Rassismus anklage, dann benutze ich den Begriff »weiß«, um die Mehrheit, nicht alle Weißen zu bezeichnen. Wir wissen aus Erfahrung, daß es viele Weiße gibt, die die Rechtmäßigkeit des Kampfes der Neger um menschliche Würde begreifen. Viele von ihnen schlossen sich unserem Kampf an und bewiesen einen Heldenmut, der nicht weniger begeisternd war als der der Schwarzen. Mehr als nur ein paar starben an unserer Seite; die Erinnerung an sie wird von uns gepflegt und ist von der Zeit ungetrübt.

Aber der größte Teil des weißen Amerika ist immer noch vom Rassismus vergiftet, der für unser Land so natürlich ist wie Kiefern, Beifuß und Büffelgras. Ebenso heimisch ist bei uns die Meinung, weitgehende Ausbeutung des Negers sei akzeptabel, wenn nicht empfehlenswert. Viele Weiße, die zugestehen, daß Neger gleichberechtigten Zugang zu öffentlichen Einrichtungen und ungeschmälertes Wahlrecht haben sollten, verstehen nicht, daß wir nicht im unteren Bereich der Wirtschaftspyramide bleiben wollen. Sie können nicht verstehen, warum ein Gepäckträger oder ein Hausmädchen von einem Tag zu träumen wagen, an dem ihre Arbeit nützlicher, lohnender und ein Schritt zu mehr Möglichkeiten sein wird. Dieses Unverständnis ist eine schwere Bürde bei unseren Versuchen, weiße Verbündete für.den langwierigen Kampf zu gewinnen.

Aber der amerikanische Neger hat in seiner Natur die geistliche und weltliche Stärke, seinen Kampf für Gerechtigkeit und Freiheit schließlich zu gewinnen. Es ist eine moralische Stärke, die jahrhundertelange Unterdrückung geschmiedet hat. In ihrem Leid und ihrem Elend haben die Neger fast instinktiv zusammengehalten. Wir schließen uns bereitwillig zusammen. Und angesichts weißer Feindseligkeit besitzen wir eine starke und gesunde Loyalität untereinander. Aber wir können den Kampf um Gerechtigkeit nicht allein gewinnen; ich glaube auch nicht, daß die Mehrheit der Neger gutwillige Weiße von der Teilnahme an der schwarzen Revolution ausschließen will. Ich meine, liberale Weiße haben einen wichtigen Platz in unserem Kampf, und ich hoffe, ihre gegenwärtige Entfremdung von der Bewegung ist nur vorübergehend. Allerdings schlossen sich in der Vergangenheit viele Weiße unserer Bewegung mit einer Art messianischen Glaubens an: sie meinten, sie würden den Neger retten und all seine Probleme sehr schnell lösen. Manchmal neigten sie dazu, ziemlich aggressiv und wenig einfühlsam gegenüber den Meinungen und Fähigkeiten der Schwarzen zu sein, mit denen sie arbeiteten. Das galt besonders für Studenten. Oft wußten sie einfach nicht, wie man in einer zweitrangigen, unterstützenden Rolle arbeitet. M. E. wurde dies Problem besonders deutlich, als junge Männer und Frauen von hervorragenden Universitäten im Norden nach Mississippi kamen, um mit den schwarzen Studenten am Tougaloo College und am Rust College zu arbeiten, mit Studenten, die sich nicht so gut artikulieren konnten, die nicht ganz so schnell Schreibmaschine schreiben konnten und die nicht so kultiviert waren. So war es kaum zu vermeiden, daß der Paternalismus der Weißen und das Unterlegenheitsgefühl der Schwarzen sich gegenseitig verstärkten. Die gegen weiße Liberale rebellierenden Neger versuchten ihre Gleichrangigkeit zu betonen und den Mantel des Paternalismus abzuwerfen.

Zum Glück haben wir dies Problem in der »Südlichen Christlichen Führungskonferenz« (SCLC) nicht gehabt. Die meisten Weißen, die 1962 und 1963 mit uns arbeiteten, sind noch bei uns. Wir haben uns stets einer Beziehung gegenseitigen Respekts erfreut. Ich glaube, daß auch viele liberale Weiße außerhalb der SCLC diese Grundlektion über zwischenmenschliche Beziehungen gelernt haben, nicht zuletzt dank James Baldwin und anderen, die beschrieben haben, was es heißt, als Schwarzer in einer gemischtrassigen Gesellschaft zu leben. Ich freue mich festzustellen, daß die Beziehungen zwischen Schwarzen und Weißen in der Menschenrechtsbewegung nun auf einer viel gesunderen Basis stehen.

In der Gesellschaft insgesamt sind die Reibungen zwischen den Rassen zwar stärker sichtbar, aber die Feindschaft hat es schon immer gegeben. Die gegenwärtigen Beziehungen sind nur insofern anders, als die Neger die Gefühle zeigen, die so lange unterdrückt waren. Die konstruktiven Erfolge des Jahrzehnts von 1955 bis 1965 haben uns getäuscht. Alle unterschätzten die von den Negern unterdrückte Gewalt und Wut und das Ausmaß der Bigotterie, welche die Weißen zu verhehlen suchten. Organisationen mit ausschließlich schwarzen Mitgliedern sind ein Spiegel jener Entfremdung. Aber sie sind nur eine für diese Zeit gültige Station auf dem Weg zur Freiheit. Sie sind ein Produkt dieser Periode einer Identitätskrise und richtungsloser Verwirrung. Indem die Menschenrechtsbewegung zuversichtlicher, aggressiver und in gewaltloser Weise aktiver wird, werden viele dieser emotionalen und intellektuellen Probleme in der Hitze des Kampfes gelöst werden, und wir werden nicht fragen: Welche Hautfarbe hat unser Nachbar? sondern: Ist er ein Bruder im Kampf um die Gleichberechtigung der Rassen? Denn der glühende Idealismus der weißen Liberalen ist in der letzten Zeit weitgehend abgelöst worden durch eine leidenschaftslose Zurkenntnisnahme der kalten Realitäten jenes Kampfes.

Eine entscheidende Tatsache wurde im »Bericht über die Rassenunruhen« herausgestellt: die amerikanische Wirtschaft am Ende des 19. Jahrhunderts und zu Beginn des 20. Jahrhunderts ermöglichte es den europäischen Emigranten jener Zeit, der Armut zu entfliehen. Die Wirtschaft hatte Raum, ja sogar einen großen Bedarf hinsichtlich ungelernter Arbeitskräfte. Es gab Arbeitsplätze für Arbeitswillige, sogar für jene, die mit mangelhafter Ausbildung und unzureichenden Sprachkenntnissen herübergekommen waren. Die heutige amerikanische Wirtschaft befindet sich jedoch in einer völlig anderen Situation. Es gibt immer weniger Stellen für kulturell und ausbildungsmäßig Benachteiligte. So pflanzt sich die moderne Armut selber fort. Heutzutage kann der Neger nicht in der Weise dem Getto entfliehen, wie es irische, italienische, jüdische und polnische Einwanderer vor 50 Jahren taten. Neue Auswege müssen gefunden werden. Und einer dieser Auswege wird eine gerechtere Aufteilung politischer Macht zwischen Negern und Weißen sein. Integration ist sinnlos ohne Teilhabe an der Macht. Wenn ich von Integration spreche, dann meine ich keine romantische Mischung von Farben, sondern eine wirkliche Aufteilung von Macht und Verantwortung. Wir werden das am Ende auch erreichen, doch wird es für uns schwieriger sein, als für jede andere Minorität. Schließlich ist keine Minorität so konstant, brutal und bewußt ausgebeutet worden. Aber eben wegen dieser Ausbeutung kann der Neger einen besonderen geistigen und moralischen Beitrag zum amerikanischen Leben leisten – einen Beitrag, ohne den Amerika nicht überleben könnte. Die Konsequenzen wahrer rassischer Integration gehen über den nationalen Bereich hinaus. Es kann m. E. keinen Weltfrieden geben, bis Amerika eine »integrierte« Außenpolitik betreibt. Unsere verheerenden Erfahrungen in Vietnam und in der Dominikanischen Republik sind in gewisser Hinsicht das Ergebnis rassistischer Entscheidungen. Menschen des weißen Westens sind – ob ihnen das gefällt oder nicht – in einer rassistischen Kultur aufgewachsen; und ihr Denken ist davon gefärbt. Sie sind mit falschen Mythen und Traditionen aufgewachsen, die sie blind machen gegenüber dem Streben und den Talenten anderer Menschen. Sie achten niemand wirklich, der nicht weiß ist. Aber es kann einfach keinen Frieden in der Welt geben ohne gegenseitige Achtung. Ich bin ehrlich überzeugt, daß jemand, der nicht rassistisch verblendet ist, oder besser noch jemand, der Rassendiskriminierung persönlich erfahren hat, in einer viel besseren Position ist, politische Entscheidungen zu treffen und Verhandlungen mit den benachteiligten und aufstrebenden Nationen der Welt (oder sogar mit Castro) zu führen, als beispielsweise ein Eisenhower oder Dulles.

Die amerikanischen Marinesoldaten wären wohl gar nicht benötigt worden in Santo Domingo, wäre der dortige amerikanische Gesandte sensibel gewesen für das Problem der Hautfarbe, das in der Dominikanischen Republik eine große Rolle spielt. Schwarze in wirtschaftlichen Spitzenpositionen wären nicht so gewissenlos, mit Südafrika zu handeln und zu schachern, sie wären auch nicht so unberührt von den Problemen und Nöten Lateinamerikas, daß sie das jetzige System amerikanischer Ausbeutung beibehalten würden. Wenn wir den fanatisch rassistischen Vorsitzenden des »Armed Services Committee« durch einen Mann guten Willens ersetzen, wenn unsere Botschafter ein schöpferisches und gesundes gemischtrassiges Milieu widerspiegeln anstelle eines kulturellen Erbes, das eine Mischung aus Texas- und Georgia-Politik ist, dann können wir eine qualitative Veränderung amerikanischer Außenpolitik herbeiführen. Das meinen wir, wenn wir von der »Erlösung der Seele Amerikas« reden.

Ich möchte ausdrücklich betonen: ich bin nicht der Meinung, daß weiße Menschen ein Monopol in bezug auf Sünde und Habsucht haben. Aber ich meine, es gibt eine gewisse kollektive Erfahrung und ein gewisses gemeinsam erlebtes Elend in der schwarzen Bevölkerung, was es uns schwerer macht, andere auszubeuten.

Ich habe die Hoffnung gewonnen, daß die amerikanischen Neger eine Brücke zwischen der weißen Zivilisation und den nicht-weißen Nationen der Welt bilden werden; denn wir haben Wurzeln in beiden Bereichen. Innerlich identifizieren sich die Neger verständlicherweise mit Afrika; diese Identifikation ist vor allem in unserer Hautfarbe begründet. Aber wir alle sind auch ein Teil der weißen amerikanischen Welt. Unsere Erziehung ist vom Westen geprägt, und unsere Sprache und unsere Verhaltensweisen sind – auch wenn wir das manchmal leugnen wollen – sehr stark von der westlichen Zivilisation beeinflußt. Selbst unser Gefühlsleben ist geprägt und manchmal unterdrückt und gehemmt worden durch eine im wesentlichen europäische Erziehung. Wir sind, wenn auch in einem bestimmten Sinne keins von beidem, so doch in einem anderen Sinne sowohl Amerikaner als auch Afrikaner. Das Blut in unseren Adern ist eine Mischung. Ich habe die feste Hoffnung, daß wir, aufgrund der Universalität unserer Erfahrung, Frieden und Harmonie in dieser Welt eher möglich machen werden.

Obgleich amerikanische Neger – wären sie in Entscheidungspositionen – anderen unterprivilegierten und entmündigten Ländern Hilfe und Ermutigung geben könnten, wird es umgekehrt, so meine ich, nicht möglich sein. Ich glaube nicht, daß nicht-weiße Länder in anderen Teilen der Welt uns wirklich konkrete Hilfe bieten können – berücksichtigt man deren eigene Entwicklungs- und Selbstbestimmungsprobleme. Tatsächlich haben die amerikanischen Neger eine größere kollektive Kaufkraft als Kanada oder alle skandinavischen Länder zusammen.

Die amerikanischen Neger haben eine größere wirtschaftliche Potenz als die meisten – oder vielleicht gar alle – Nationen Afrikas. Wir brauchen gar nicht nach Hilfe von außerhalb der Grenzen unseres Landes zu schauen – höchstens um unsere Sympathien und unsere Identifikation mit jenen Völkern zum Ausdruck zu bringen. Wir sind vielmehr herausgefordert, die Macht zu organisieren, die wir bereits in unserer Mitte haben. Die Unruhen in Newark z. B. hätten sicherlich verhindert werden können, wenn sich die Neger jener Stadt energischer politisch engagiert hätten. Angesichts der Negermajorität gibt es einfach keinen Grund, warum Addonizio Bürgermeister von Newark sein muß. Gary in

Indiana ist eine weitere leicht entflammbare Stadt, aber ihr schwarzer Bürgermeister, Richard Hatcher, hat den Negern einen Glauben an die Effektivität politischen Vorgehens gegeben.

Eine entscheidende Waffe im Kampf für soziale Gerechtigkeit wird die vereinte politische Macht der Neger sein. Ich sehe voraus, daß die Stimmen der Neger nationale Wahlen entscheiden werden. Sie sind bereits entscheidend in Staaten mit vielen Wahlmännerstimmen. Schon heute haben die Neger von New York City einen starken Einfluß auf den Weg des Staates New York bei nationalen Wahlen; die Neger von Chicago haben einen ähnlichen Einfluß in Illinois. Sogar bei Wahlen in Georgia, South Carolina und Virginia haben Neger entscheidenden Einfluß auf die Machtverteilung. Deshalb besitzen die Partei und der Kandidat, die die Unterstützung der schwarzen Wähler bei nationalen Wahlen gewinnen können, einen entscheidenden Vorteil. Wir wollen das nutzen, um Fortschritte im Kampf um die Menschenrechte zu machen. Ich bin recht zuversichtlich, daß die Stimmen der Schwarzen schließlich die hartnäckigen Gegner der Gleichberechtigung im Kongreß – die übrigens in allen Bereichen reaktionär sind – aus dem Sattel heben werden. Aber die Neger können diesen Sieg nicht allein erringen. Ja, es wäre ein nichtiger Sieg, selbst wenn die Neger ihn allein erringen könnten. Überall sollten intelligente Menschen guten Willens diesen Kampf als ihre Aufgabe ansehen und unterstützen.

Die Wahl eines schwarzen Bürgermeisters (wie z. B. Hatcher) in einigen Großstädten unseres Landes hatte eine ungeheure psychologische Wirkung auf die Neger. Sie zeigte ihnen, daß sie das Potential besitzen, ihr eigenes Schicksal und das der Gesellschaft mitzubestimmen. Es wird in den nächsten zehn Jahren mehr schwarze Bürgermeister in den Großstädten geben, doch kann das nicht die letzte Antwort sein. Bürgermeister spielen in der nationalen Politik eine ganz unwichtige Rolle. Selbst ein weißer Bürgermeister wie John Lindsay in New York hat nicht das Geld und die Hilfsmittel zur Lösung der Probleme in dieser Stadt. Das dafür benötigte Geld muß von der Bundesregierung kommen, und dies Geld wird letztlich vom Kongreß kontrolliert. Der Erfolg fortschrittlicher Bürgermeister ist völlig abhängig von der finanziellen Unterstützung, die Washington gewährt.

Die bisherige Bilanz der Bundesregierung ist aber nicht ermutigend. Kein Präsident hat wirklich viel für die amerikanischen Neger getan, obwohl die beiden letzten viel unverdientes Lob für ihre Hilfe erhalten haben. Dieses Lob erwuchs Lyndon Johnson und John Kennedy nur, weil gerade während ihrer Amtszeit die Neger mehr für sich selbst zu tun begannen. Kennedy legte keine Bürgerrechtsakte freiwillig vor, auch Johnson nicht. Ja, beide sagten uns einmal, eine solche Gesetzgebung sei unmöglich. Präsident Johnson antwortete realistisch auf die Zeichen der Zeit und nutzte seine Fähigkeiten als Gesetzgeber, um Gesetze im Kongreß durchzubringen, die andere vielleicht nicht durchgebracht hätten. Ich muß jedoch ehrlicherweise zugeben, daß Johnson bei der Anwendung der Gesetze, die mit seiner Hilfe durch den Kongreß gebracht wurden, nicht annähernd so sorgfältig war.

Von den 10 Artikeln der Bürgerrechtsakte von 1964 ist wohl nur der eine, der öffentliche Einrichtungen betrifft und besonders umstritten war, spürbar durchgesetzt und angewendet worden. Die meisten anderen Abschnitte sind bewußt ignoriert worden. Das Gleiche gilt für die Wahlrechtsgesetze von 1965. Sie sehen bundesstaatliche Beobachter bei der Wählerregistrierung in den Staaten vor, in denen Neger systematisch an der Ausübung des Wahlrechts gehindert werden. Doch bis zum heutigen Tage gibt es nur in 58 von 900 in Frage kommenden Bezirken solche Beobachter. In den übrigen 842 Kreisen ist die Situation grundsätzlich dieselbe wie vor dem Marsch nach Selma. Sehen wir uns die Rolle der bundesstaatlichen Beobachter in Mississippi an: sie sind in einer Weise verstreut, die einen Wandel vortäuscht, und doch besteht keine wirkliche Aussicht, daß die politische Macht sich verlagert oder daß Neger eine echte Gelegenheit erhalten, im Parlament ihres Staates repräsentiert zu werden. Ähnlich ist die Situation in Alabama, obgleich jener Staat zur Zeit wegen George Wallace mit der Administration der Demokraten in Washington im Streit liegt. Georgia hatte bis vor kurzem überhaupt keine bundesstaatlichen Beobachter, nicht einmal in den innersten Gebieten des »Schwarzen Gürtels«. Ich halte es für bezeichnend, daß es überhaupt keine bundesstaatlichen Beobachter in den Heimatstaaten der mächtigsten Senatoren aus dem Süden gibt – ich denke vor allem an die Senatoren Russell, Eastland und Talmadge. Die Macht und moralische Korruption dieser Senatoren bleiben unangefochten, obwohl die Gesetzgebung ein Mittel zur Veränderung zu sein versprach. Reformen wurden vereitelt, indem die Gesetze nicht strikt angewendet wurden.

Doch ist keineswegs alles im Süden negativ zu beurteilen. Obgleich die Frucht unseres Kampfes manchmal nichts als bittere

Verzweiflung war, muß ich doch zugeben: es gibt einige hoffnungsvolle Zeichen, es gibt einige bedeutsame Erfolge. Eine besonders hoffnungsvolle Veränderung ist das Verhalten der Südstaatenneger selbst. Die lautlose Hinnahme des Zweiter-Klasse-Status ist nachdrücklichen Forderungen nach umfassenden Bürgerrechten und Möglichkeiten gewichen. Tatsächlich sind unsere konkreten Erfolge weitgehend auf den Süden beschränkt gewesen. Wir haben der Rassentrennung im Süden ein Ende gemacht; wir haben erste Reformen im politischen System herbeigeführt. Und so paradox es sein mag: ein Neger ist vermutlich in den meisten Städten des Südens sicherer als im Norden. Wir sind den rassistischen Polizisten im Süden entgegengetreten und haben Reformen in den Polizeibehörden verlangt. Wir sind der rassistischen Machtstruktur im Süden entgegengetreten und haben während der vergangenen zehn Jahre in weiten Teilen des Südens schwarze und liberale weiße Kandidaten gewählt. George Wallace ist zweifellos eine Ausnahme, und Lester Maddox ist ein soziologisches Fossil. Aber trotz dieser Anachronismen auf der Ebene der Städte und Kreise existiert jetzt ein neuer Respekt vor den Schwarzen als Wählern und Staatsbürgern, den es vor zehn Jahren nicht gab. Wenn auch die Aufhebung der Rassentrennung in den Schulen im Süden erschütternd langsam vorangegangen ist: sie *ist* vorangegangen. Weiße Schulen sind oft genauso schlecht wie schwarze Schulen, und integrierte Schulen haben manchmal die Probleme beider, ohne auch nur eins lösen zu können.
Dennoch: Es *gibt* Fortschritte im Süden – Fortschritt, der sich zeigt in der Anwesenheit von Negern im Parlament von Georgia, in der Wahl eines Negers in das Parlament von Mississippi, in der Wahl eines schwarzen Sheriffs in Tuskegee, Alabama, und ganz besonders in der Integration der Polizei in den Südstaaten. Es gibt jetzt sogar schwarze Sheriffs in solchen Gebieten des »schwarzen Gürtels« wie Dallas County, Alabama. Noch vor drei Jahren wurden Neger geschlagen, wenn sie in das Landgericht von Dallas County gingen. Jetzt wird der Kreis von Negern mitregiert. Es gibt also wirklich einige Veränderungen. Aber diese betreffen im wesentlichen den politischen Bereich.
Zur Lösung der Probleme, denen wir jetzt gegenüberstehen – ich denke an die Beschaffung von Arbeitsstellen, an bessere Wohnungen und an Ausbildungsmöglichkeiten für die Armen im ganzen Land – wird viel Geld benötigt, und das macht deren Lösung um so schwieriger.

Inzwischen werden Lösungen täglich dringender, weil die Probleme wesentlich ernster sind als noch vor wenigen Jahren. Vor 1964 besserte sich die wirtschaftliche Lage der Neger; aber danach gab es eine Wendung zum Schlechteren. Vor allem die Automation begann die Zahl der Arbeitsstellen stark zu beschneiden, und diese Entwicklung löschte die wenigen Funken der Hoffnung aus, die die Neger gerade zu hüten begannen. Solange es einen gewissen meßbaren und stetigen wirtschaftlichen Fortschritt gab, waren Neger bereit und imstande, sich noch mehr anzustrengen, härter zu arbeiten und auf Besseres zu hoffen. Aber als die Türen zum Fortschritt geschlossen wurden, breiteten sich Hoffnungslosigkeit und Verzweiflung aus.

Daß die meisten Weißen diese im Norden wie im Süden bestehende Situation nicht verstehen, liegt vor allem an der Presse, die die Meinung der weißen Bevölkerung formt. Viele Weiße sind sehr schnell dabei, sich wegen jedes – wenn auch noch so geringen – Fortschritts der Neger zu gratulieren. Ich bin sicher, die meisten Weißen hatten das Gefühl, mit der Verabschiedung der Bürgerrechtsgesetze von 1964 seien alle Rassenprobleme automatisch gelöst. Weil den meisten weißen Bürgern das Leben der Neger so fremd ist, ist dieser Annahme kaum widersprochen worden. Aber die Neger müssen weiterhin täglich mit dem Rassismus leben. Es spielt keine Rolle, wo wir als einzelne stehen, wie nah wir der Spitze oder dem Boden der Gesellschaft sind: die nüchternen Tatsachen des Rassismus schlagen jedem von uns ins Gesicht. Einer meiner Freunde, einer der brilliantesten jungen Männer, die ich kenne, ist ein Rechtsanwalt. Wäre er ein weißer Rechtsanwalt, er hätte zweifellos einen 100 000-Dollar-Posten in einer führenden Firma, oder er würde seine eigene Firma leiten. So wie die Dinge stehen, verdient er bloß 20 000 Dollar jährlich. Das mag als eine Menge Geld erscheinen, und für die meisten von uns ist es das auch. Aber der springende Punkt ist, daß seine Ausbildung und seine Fähigkeiten ihn zu einem Vielfachen seines Einkommens berechtigen würden, hätte er eine andere Hautfarbe.

Ich glaube, keine einzige große Versicherung stellt schwarze Rechtsanwälte ein. Selbst in den Bundesbehörden zählen die meisten schwarzen Angestellten zu den unteren Rängen. Nur eine Handvoll bei der Bundesregierung angestellter Neger gehört zu den oberen Einkommensklassen. Diese Situation gilt für die wirtschaftlichen Verhältnisse im ganzen Land. Die Urban League von Chicago führte kürzlich eine Untersuchung im Kenwood-Bezirk von Chicago durch. Man entdeckte, daß der durchschnittliche Schulbesuch der Neger 10,6 Jahre und das jährliche Durchschnittseinkommen 4200 Dollar betrug. Im nahegelegenen Gage Park betrug der durchschnittliche Schulbesuch der weißen Bürger 8,6 Jahre, aber das jährliche Durchschnittseinkommen belief sich auf 9600 Dollar. Tatsächlich verdienen Weiße, die die High School vorzeitig verlassen haben, durchschnittlich genausoviel (wenn nicht mehr) wie Neger, die vom College graduiert sind.

So dringend Lösungen für diese Probleme sind: sie müssen konstruktiv und vernünftig sein. Aufstände und Gewalt lösen wirtschaftliche Probleme nicht. Aufstände sind vor allem mit der – ursprünglich von Frantz Fanon entwickelten – These gerechtfertigt worden, Gewalt habe eine gewisse reinigende Wirkung. Vielleicht hatte Fanon in gewisser Hinsicht etwas psychologisch Richtiges gesehen. Aber wir haben einen besseren und konstruktiveren Reinigungsprozeß in unseren gewaltlosen Demonstrationen gesehen. Eine andere These zur Rechtfertigung gewaltsamer Revolution besagt, daß Aufstände Neger in die Lage versetzen, ihre Furcht vor dem weißen Mann zu überwinden.

Aber sie haben genausoviel Angst vor der Machtstruktur nach einem Aufstand wie vorher. Ich entsinne mich, daß es so war, als unser Mitarbeiterstab nach den Unruhen von 1964 nach Rochester, New York, ging. Als wir die Möglichkeit erörterten, mit der Polizei zu sprechen, hatten diejenigen Angst, ein Gespräch zu führen, die bei den gewalttätigen Auseinandersetzungen am aggressivsten gewesen waren. Sie hatten immer noch Minderwertigkeitsgefühle; und erst als sie durch die Anwesenheit unserer Mitarbeiter ermutigt und ihrer politischen Macht und der Berechtigung ihrer Anliegen und Beschwerden versichert wurden, waren sie in der Lage und willig, mit dem Polizeichef und City Manager über die Lebensbedingungen zu reden, die zu den Unruhen geführt hatten.

Übrigens bin ich der Meinung, daß die paramilitärische Atmosphäre unter den militanten Negergruppen eher auf Furcht als auf Selbstvertrauen hinweist. Ich weiß aus eigener Erfahrung, daß ich in Montgomery ängstlicher war, als ich ein Gewehr im Haus hatte. Als ich zu der Ansicht kam, als Vertreter von Gewaltlosigkeit könne ich kein Gewehr besitzen, mußte ich mich direkt mit dem Problem des Todes auseinandersetzen, und ich tat es. Von jenem Zeitpunkt an benötigte ich kein Gewehr mehr, ich hatte auch keine Angst mehr. Letztlich muß das Gefühl der eigenen Männlichkeit von innen kommen.

In gewissem Sinn sind die Unruhen in den Negergettos nur eine Manifestation des Klimas zunehmender Gewalttätigkeit in Amerika. Wenn eine Kultur sich von ihrer eigenen Unzulänglichkeit bedroht fühlt, dann neigt die Mehrheit dazu, sich künstlich aufzuwerten, statt tief nach ihren geistigen und kulturellen Quellen zu graben. Amerika scheint diesen Punkt erreicht zu haben. Die meisten Amerikaner fühlen sich bedroht vom Kommunismus einerseits und der steigenden Flut von Erwartungen in den Entwicklungsländern andererseits. Ich glaube, die meisten Amerikaner wissen in ihrem Herzen, daß ihr Land in der Behandlung anderer Völker der Erde völlig im Unrecht war. Als Rom innerlich zu zerfallen begann, stärkte es sein Militär, statt die Korruption innerhalb der Gesellschaft zu bekämpfen. Wir machen dasselbe in unserem Land, und das Ergebnis wird vermutlich dasselbe sein, es sei denn – und hier gestehe ich einen gewissen Chauvinismus ein – die Schwarzen in Amerika können eine neue »Seelenkraft« für alle Amerikaner bereitstellen, einen neuen Ausdruck des Amerikanischen Traums, der nicht auf Kosten anderer Menschen in der Welt verwirklicht werden muß, sondern ein Traum ist von Möglichkeiten und Leben, der mit dem Rest der Welt geteilt werden kann.

Für mich ist es vollkommen klar, daß die Entwicklung menschenfreundlicher Mittel zur Lösung sozialer Weltprobleme und eine entsprechende Revolution der Werte in Amerika ein weitaus besserer Weg sind, uns gegen drohende Gewalt zu schützen, als die von uns gewählten militärischen Mittel. In dieser Hinsicht muß ich die Johnson-Administration anklagen. Ihr scheint es in erstaunlichem Maße an Staatskunst zu fehlen; und wenn schöpferische Staatskunst schwindet, dann nimmt irrationaler Militarismus zu. In diesem Sinne war Präsident Kennedy ein weit besserer Staatsmann als Präsident Johnson. Er hatte genug Größe, um Fehler einzugestehen – wie er es nach dem Zwischenfall in der Schweinebucht tat. Aber Präsident Johnson scheint nicht fähig zu sein, eine derartige staatsmännische Geste im Zusammenhang mit Vietnam zu machen. Das hat m. E., wie auch Senator Fulbright erklärt hat, zu einer solchen Stärkung des »militärisch-industriellen Komplexes« dieses Landes geführt, daß jetzt der Präsident selber fast völlig dessen Gefangener ist. Selbst jetzt, wo er leicht populäre Unterstützung für die Beendigung der Bombardements in Vietnam gewinnen könnte, macht er weiter. Aber die Bomben von Vietnam explodieren auch im eigenen Land. Sie zerstören die Hoffnungen und Möglichkeiten für ein anständiges Amerika.

Bei unseren Bemühungen, diese Atmosphäre der Gewalt in unserem Land zu zerstören, können wir es uns nicht leisten, die eigentlichen Ursachen der Unruhen zu übersehen. Die vom Präsidenten eingesetzte »Kommission zur Untersuchung der Unruhen« kam zu dem Ergebnis, daß die meisten zur Gewalt neigenden Neger Teenager oder junge Erwachsene sind, die fast ohne Ausnahme unterbeschäftigt sind oder niedere Arbeiten verrichten müssen (– »unterbeschäftigt« sein heißt, täglich zu arbeiten, aber ein Einkommen unterhalb der Armutsgrenze zu erhalten –). Nach einer neuen Statistik des Arbeitsministeriums sind gegenwärtig 24,8 % der schwarzen Jugendlichen arbeitslos, nach einer Statistik, die gar nicht jene Arbeitsplatzwechsler erfaßt, die den Statistikern entgehen. In der Tat meine ich, daß das noch sehr vorsichtige Schätzungen sind. Das Statistische Amt hat eine Fehlerrate von 10 % für diese Altersgruppe zugegeben. Außerdem basieren die Statistiken zur Arbeitslosigkeit auf der Zahl derer, die sich tatsächlich um eine Arbeitsstelle bemühen.

Aber es fehlt nicht nur Arbeit, es fehlt auch sinnvolle Arbeit. In Cleveland schätzte man die Zahl der arbeitslosen oder unterbeschäftigten Jugendlichen zwischen 16 und 25 Jahren auf 58 %. Diese erschreckende Situation dürfte zu 90 % an den Negerunruhen schuld sein. Oft sieht ein Neger mit High-School-Abschluß seine weißen Klassenkameraden 100 Dollar pro Woche verdienen, während er selber, weil er schwarz ist, für 40 Dollar pro Woche arbeiten soll. Daher ist er ungeheuer feindselig und verbittert darüber, daß allein der Rassenunterschied ihn um eine angemessene Arbeitsstelle bringt. Diese Situation enthält soziales Dynamit. Wenn man den Mangel an Erholungsmöglichkeiten und ausreichender Berufsberatung und das Fortbestehen einer aggressiven und feindseligen Polizei-Atmosphäre hinzurechnet, dann hat man eine wirklich explosive Situation. In jeder Nacht an einer beliebigen Straßenecke eines beliebigen Negerghettos kann ein nervöser Polizist schon dadurch einen Aufstand auslösen, daß er unhöflich ist oder Rassenvorurteile zeigt. Und die weiße Bevölkerung hat erschütternderweise keine Ahnung, mit welcher Regelmäßigkeit und Häufigkeit das vorkommt.

Es muß wohl kaum gesagt werden, daß die Lösung dieser Probleme äußerst dringlich ist. Die vom Präsidenten eingesetzte »Kommission zur Untersuchung der Rassenunruhen« hat empfohlen, die Gelder für Sommerprogramme zugunsten junger Neger zu erhöhen. Die Stadt New York gibt bereits mehr für spezielle Sommerprogramme aus als für ganzjährige Maßnahmen gegen die Armut. Aber das sind alles nur versuchsweise und aus der Not geborene kleine Schritte auf dem Weg zu einer wirklich sinnvollen und dauerhaften Lösung. Auch die negative Einstellung vieler Weißer zu diesem Problembereich bedeutet keine Hilfe. Leider denken viele weiße Bürger, wir würden einen Rebellierenden nur »belohnen«, wenn wir mit positiven Maßnahmen seine Situation zu bessern suchen. Diese Weißen haben nicht begriffen, daß die Neger, die an den Unruhen teilnehmen, in bezug auf Amerika aufgegeben haben. Wird nichts zur Verbesserung der traurigen Lage des Negers getan, dann verstärkt das nur seine Meinung, Amerika sei eine hoffnungslos dekadente Gesellschaft. Wenn aber etwas Positives getan wird, wenn konstruktive Aktionen einem Aufstand folgen, dann wird die Verzweiflung des Rebellierenden gelindert, dann muß er Amerika neu einschätzen und überlegen, ob schließlich doch noch etwas Gutes aus unserer Gesellschaft kommen kann.

Ich stelle jedoch noch einmal fest: die jüngsten Hilfsmaßnahmen sind bestenfalls unzureichend. Die Sommerprogramme zur Bekämpfung der Armut – wie die meisten Regierungsprojekte – funktionieren gut an einigen Orten und sind an anderen völlig ineffektiv. Der entscheidende Unterschied besteht in der Teilnahme der Bürger. Hier liegt der Schlüssel zu Erfolg oder Mißerfolg. Wenn – wie in der »Farmers' Marketing Cooperative Association« im »Schwarzen Gürtel« von Alabama und in der »Child Development Group« in Mississippi – die Menschen wirklich an der Planung und Ausführung des Programms beteiligt waren, dann wurden sehr gute Erfahrungen mit Selbsthilfe und Basisinitiativen gemacht. Jedoch an Orten wie Chicago, wo Programme gegen die Armut ausschließlich als Instrument der politischen Maschinerie und zur Ausbreitung von Parteipatronage benutzt werden, wird gerade die Absicht, den Armen zu helfen, ins Gegenteil verkehrt; die Programme zur Bekämpfung der Armut stellen dann nichts anderes als eine neue Form der Sklaverei dar. Dennoch würde ich sie selbst in Chicago nicht abschaffen. Wir müssen nur auf der lokalen wie der nationalen Ebene darum kämpfen, soviel wie möglich Gemeinschaftskontrolle zu bekommen.

Es gibt nicht nur eine Antwort auf die Notlage der amerikanischen Neger. Die Gegebenheiten und Bedürfnisse sind ganz unterschiedlich in den verschiedenen Teilen des Landes. Doch sollte man m. E. im Bereich menschlicher Beziehungen beginnen, vor allem bei den Beziehungen zwischen Polizei und Bevölkerung. Dabei handelt es sich um ein sehr heikles Problem, das selten genügend Beachtung gefunden hat. Praktisch jeder Aufstand wurde durch irgendeine Polizeiaktion ausgelöst. Versuchte man, den Menschen in Negerbezirken zu erzählen, die Polizei sei ihr Freund, dann würden sie einen schlicht auslachen. Offensichtlich muß eine verzweifelte Anstrengung unternommen werden, um das zu ändern. Mich hat besonders die Tatsache beeindruckt, daß selbst in Mississippi, wo der FBI mit der Polizei ein bemerkenswertes Trainingsprogramm durchgeführt hat, die Polizei viel höflicher ist als in New York oder Chicago. Unsere Polizisten müssen eine Haltung der Höflichkeit und des Respekts gegenüber dem normalen Bürger entwickeln. Wenn wir Polizeibeamte wenigstens davon abbringen können, im Umgang mit schwarzen Bürgern ausfallend zu werden, dann haben wir viel erreicht. Grundsätzlich muß die Polizei aufhören, Okkupationstruppe im Getto zu sein und beginnen, dessen Bewohner zu schützen. Aber nur wenige Städte haben sich diesem Problem wirklich gestellt und versucht, etwas zu tun. Es handelt sich dabei um das Problem, das am meisten Reibungen schafft in den Beziehungen zwischen Schwarzen und Weißen, aber es wird am wenigsten wissenschaftlich und objektiv erfaßt.

Geht man jedoch über ein vergleichsweise einfaches, wenn auch ernstes Problem wie den Rassismus der Polizei hinaus, dann stößt man auf die Komplexität der amerikanischen Wirtschaft. Der städtische Nahverkehr in vielen amerikanischen Städten z. B. ist zu einem echten und wichtigen Bürgerrechtsproblem geworden, weil die Streckenführung der Schnellverkehrssysteme über die Erreichbarkeit von Arbeitsstellen durch die schwarzen Bürger entscheidet. Wenn die Verkehrsnetze in amerikanischen Städten so entwickelt würden, daß sie den Armen Gelegenheit zu sinnvoller Arbeit bieten, dann könnten sie allmählich in den Hauptstrom amerikanischen Lebens einmünden. Ein gutes Beispiel für dieses Problem bietet meine Heimatstadt Atlanta: dort ist das Schnellverkehrssystem so gestaltet, daß die weißen Vorstadtbewohner aus der oberen Mittelschicht bequem zu ihrer Arbeitsstelle in der Innenstadt fahren können. Das System zielt überhaupt nicht darauf, die Armen mit ihren Arbeitsstellen zu verbinden. Es gibt nur eine mögliche Erklärung für diese Situation, und das ist die rassistische Blindheit der Stadtplaner.

Die gleichen Probleme findet man bei den Fragen des Mietzuschusses und der Sozialwohnungen, deren Bedeutung für menschliche Beziehungen und Menschenrechte gar nicht genug betont werden kann. Die Art des Hauses, in dem ein Mensch lebt, bestimmt – neben der Qualität seiner Arbeit – in hohem Maße die Qualität seines Familienlebens. Ich habe zu viele Leute in meiner eigenen Gemeinde in Atlanta gekannt, die sich ständig mit anderen Familienmitgliedern stritten, weil sie in überfüllten Wohnungen lebten – eine Situation, die zu vielen ernsten Störungen in den Familienbeziehungen führte. Andererseits konnte ich beobachten, wie diese Familien, wenn sie sich ein Haus leisten konnten, das ihnen in begrenztem Maße einen gewissen persönlichen Lebensraum und Bewegungsfreiheit gestattete, eine gewisse Harmonie erreichten.

All diese Probleme menschlicher Beziehungen sind komplex und untereinander verbunden. Prioritäten lassen sich nur sehr schwer setzen, besonders solange der Vietnamkrieg fortgesetzt wird. Die »Große Gesellschaft« ist ein Opfer des Krieges geworden. Ich glaube, vor 4 bis 5 Jahren gab es ein ernsthaftes Verlangen in diesem Land, eine wirklich große Gesellschaft zu bauen. Ich habe auch kaum Zweifel, daß es für dieses Ziel eine allmähliche Steigerung bundesstaatlicher Mittel gegeben hätte, statt der jetzt eingetretenen allmählichen Reduzierung, wenn der Vietnamkrieg vermieden worden wäre.

Es gehört zu den Widersprüchlichkeiten dieser Situation, daß so viele Soldaten in Vietnam – besonders unter den Frontsoldaten, die den Kampf austragen – Neger sind. Neger hatten immer die Hoffnung, zeigen zu können, daß sie großartige Soldaten sind; sie hofften, wenn sie wirklich für Amerika kämpfen und zur Rettung der Demokratie beitragen würden, dann werde Amerika sie nach ihrer Rückkehr besser behandeln. So war es aber nie. Neger, die aus dem Ersten Weltkrieg zurückkehrten, wurden empfangen mit Rassenunruhen, Diskriminierung auf dem Arbeitsmarkt und weiterhin mit jener Bigotterie, die sie bereits vorher kennengelernt hatten. Nach dem Zweiten Weltkrieg bot das G.I.-Gesetz etwas Hoffnung auf ein besseres Leben für diejenigen, die aufgrund ihrer Ausbildung dessen Vorteile wahrnehmen konnten. Es gab damals vergleichsweise wenig Unruhen.

Für den schwarzen G.I. ist der Militärdienst noch immer ein Mittel, um der Unterdrückung in den Gettos des ländlichen Südens und des städtischen Nordens zu entfliehen. Oft sieht er in der Armee einen Zugang zu Ausbildungsmöglichkeiten und Berufstraining. Er sieht in der Militäruniform ein Symbol der Würde, die ihm von der Gesellschaft lange verweigert wurde. Das Tragische daran ist die Tatsache, daß Militärdienst vermutlich der einzige Ausweg für die meisten jungen Neger ist. Viele von ihnen gehen in die Armee und riskieren den Tod, um einige der Möglichkeiten zu haben, die zum Leben gehören. Sie wissen, daß ein Leben im Getto oder im ländlichen Süden mit ziemlicher Sicherheit Gefängnis oder Tod oder Erniedrigung bedeutet. Deshalb ist der Militärdienst im Vergleich dazu wirklich das geringere Übel.

Einer unserer jungen Mitarbeiter, Hosea Williams, kehrte aus den Schützengräben Deutschlands als 60 %ig kriegsbeschädigter Veteran zurück. Nach 13 Monaten in einem Veteranenkrankenhaus brach er nach seiner Heimatstadt Attapulgus in Georgia auf. Auf dem Weg nach Hause ging er in den Busbahnhof von Americus in Georgia, um Wasser zu trinken, während er auf den nächsten Bus wartete. Und als er dort, auf seine Krücken gestützt, stand und Wasser trank, wurde er von weißen Raufbolden brutal zusammengeschlagen. Dieser erschütternde Vorfall ist bezeichnend für die Behandlung der Neger in diesem Land. Es gibt nicht nur physische Brutalität, sondern auch brutale Diskriminierung, wenn ein Neger ein Haus zu kaufen sucht, und brutale Gewalt an der Seele des Negers, wenn ihm eine Arbeit verwehrt wird, für die er qualifiziert ist.

Es gibt auch Gewalt, die darin besteht, daß man in einem Viertel wohnen muß, in dem man höhere Verbraucherpreise oder für gleiche Wohnungen höhere Mieten zahlen muß als in den weißen Stadtbezirken. Wußten Sie, daß eine Dose Bohnen in einer Filiale im Negergetto fast ausnahmslos einige Cent mehr kostet als in einer Filiale der gleichen Ladenkette, die in einem Vorort der oberen Mittelschicht liegt, wo das Durchschnittseinkommen fünfmal so hoch ist? Der Neger weiß das, denn er arbeitet im Haus des weißen Mannes als Koch oder Gärtner. Und wie wirkt sich wohl nach Ihrer Meinung dies Wissen auf seine Seele aus? In welcher Weise beeinflußt das nach Ihrer Meinung sein Bild von der Gesellschaft, in der er lebt? Wie können Sie etwas anderes erwarten als Enttäuschung und Bitterkeit? Wir stehen jetzt vor der Frage, ob wir die Enttäuschung und Bitterkeit des Negers in Hoffnung und Vertrauen auf das wesentlich Gute im amerikanischen System verwandeln können. Wenn nicht, dann wird unsere Gesellschaft zerbröckeln.

Paradoxerweise tun jene Neger, die Amerika aufgegeben haben, mehr für seine Verbesserung als dessen professionelle Patrioten. Sie rütteln die Masse der selbstzufriedenen, schläfrigen Bürger, die weder gut noch böse sind, auf, die Krise wahrzunehmen. In der Konfrontation geht es nicht nur um ihre Moral, sondern auch um ihr Selbstinteresse, und diese Kombination verspricht zu positiver Aktion zu führen. Wir sind keine Nation von käuflichen Leuten. Unser Volk besteht aus Individuen, die sich in der Mehrheit nicht um ihre schwarzen Brüder gekümmert haben, die herzlos gewesen sind, weil ihre Ohren verstopft und ihre Augen verblendet sind durch den tragischen Mythos, daß Neger Mißhandlung ohne Schmerz oder Klage erdulden. Selbst als Proteste aufflammten und den Mythos zerstörten, wurden ihnen neue unmenschliche Lehren beigebracht, wonach Neger arrogant, gesetzlos und undankbar sind. Gewohnheitsmäßige Diskriminierung wurde zum »weißen Gegenschlag«. Aber einige weiße Bürger konnten sich dem Zugriff der Lügen entziehen, und ihre innere Unruhe wuchs. Armut und Diskriminierung waren real und konnten nicht geleugnet werden. Sie fügten der Nation Narben zu. Sie beschmutzten unsere Ehre und minderten unseren Stolz. Einer hartnäckigen Frage konnte nicht ausgewichen werden: Wurde die Sicherheit weniger für den Preis der Degradierung anderer erkauft? All unsere Überlieferungen sagten: diese Form der Ungerechtigkeit sei typisch für die Vergangenheit oder andere Nationen. Und doch gab es sie hier in unserem eigenen Land.

So entstand – besonders in der jungen Generation – ein Geist des Widerspruchs, der von oberflächlicher Ablehnung alter Werte bis zu totalem Einsatz für umfassende, drastische und sofortige soziale Reform reichte. In all diesem äußerte sich Widerspruch. Ihre Stimme ist immer noch die Stimme einer Minderheit. Aber im Verein mit Millionen protestierender schwarzer Stimmen hat sie den Klang fernen Donners angenommen, der zunimmt, wenn sich die Sturmwolken zusammenziehen. Dieser Geist des Widerspruchs ist Amerikas Hoffnung. Er leuchtet auf in der langen Tradition amerikanischer Ideale, die mit tapferen »minute-men« in Neu-England begann, die sich in der Bewegung zur Abschaffung der Sklaverei fortsetzte, die in der Rebellion der Populisten wieder auflebte und Jahrzehnte später die Wahl von Franklin R.

Roosevelt und John F. Kennedy bewirkte. Die Andersdenkenden von heute sagen der selbstzufriedenen Mehrheit, daß die Zeit da ist, wo ein weiteres Ausweichen vor sozialer Verantwortung in einer unruhigen Welt Unglück und Tod herausfordert. Amerika hat sich noch nicht geändert, weil so viele meinen, es brauche sich nicht zu ändern; doch das ist eine Illusion von Verdammten. Amerika muß sich ändern, weil 23 Millionen schwarzer Bürger werden nicht länger gleichgültig in einer erbärmlichen Vergangenheit leben werden. Sie haben das Tal der Verzweiflung verlassen. Sie haben Stärke im Kampf gewonnen. Ob sie leben oder sterben, sie werden nie wieder kriechen oder zurückweichen. Zusammen mit weißen Verbündeten werden sie die Gefängnismauern erschüttern, bis sie fallen. Amerika muß sich ändern.

Vor 2000 Jahren sagte eine Stimme aus Bethlehem, daß alle Menschen gleich sind. Sie sagte, Recht werde triumphieren. Jesus von Nazareth schrieb keine Bücher; er besaß kein Eigentum, das ihm Einfluß verlieh. Er hatte keine Freunde an den Höfen der Mächtigen. Aber er änderte den Kurs der Menschheit mit den Armen und Verachteten allein. Mögen wir auch naiv und unbedarft sein, die Armen und Verachteten des 20. Jahrhunderts werden dieses Zeitalter revolutionieren. In unserer »Arroganz, Gesetzlosigkeit und Undankbarkeit« werden wir für menschliche Gerechtigkeit, Brüderlichkeit, sicheren Frieden und Fülle für alle kämpfen. Wenn wir diese Ziele erreicht haben – im Geist unerschütterlicher Gewaltlosigkeit – dann, in leuchtendem Glanz, wird die christliche Ära wahrlich beginnen.

2. Ein neuer Richtungssinn *

Dies ist ungefähr das dritte Mal, daß ich auf einer unserer Mitarbeitertagungen die weitreichende Frage nach dem »Stand der Bewegung« anzupacken versuche, die Frage: Wo sind wir? und: Wohin führt unser Weg? Ich versichere euch, es ist nicht einfach, jedesmal eine neue Perspektive bei der selben alten Frage zu entwickeln, aber ich will es in meinem für heute abend angefertigten Vortrag neu versuchen. Ich hoffe, wir werden nach unseren Diskussionen gemeinsam in der Lage sein, neue Richtlinien und einen neuen »Richtungssinn« zu finden.

In der nahen Vergangenheit hat unser Kampf zwei Phasen durchlaufen. Die erste Phase begann in den frühen 50er Jahren, als die Neger die Tür hinter Ergebenheit und Unterwürfigkeit zuschlugen. Gegen die Unterdrückung in unserem Land wurde gewaltloser Widerstand geleistet. Wir brachten schwarze Menschen im Süden auf die Straße mit der Forderung, ihr Bürgerrecht und ihre Menschenwürde zu respektieren. Bedenkt man, daß wir uns im Süden mit seinem komplexen System brutaler Rassentrennung befanden, dann haben wir tatsächlich eine Rebellion in Gang gebracht. Denn schon öffentliche Straßenmärsche bedeuteten eine Erschütterung des Status quo in seinen Grundfesten. Busse in Montgomery zu boykottieren, in Albany und Birmingham, den wahren Hochburgen der Rassentrennung, zu demonstrieren, Gewehren, Hunden und Schlagstöcken in Selma zu trotzen und dabei diszipliniert an der gewaltlosen Strategie festzuhalten, – das brachte die rassistischen Machthaber im Süden völlig durcheinander. Wenn sie uns marschieren ließen, zerstörten sie den Mythos von der Zufriedenheit des schwarzen Mannes. Wenn sie uns niederschossen oder brutal behandelten, standen sie vor der Welt als unmenschliche Bestien da. Sie versuchten uns mit Drohungen und Furcht aufzuhalten – Taktiken, die lange Zeit wirkungsvolle

---

* Letzte Rede vor dem Mitarbeiterstab der SCLC, gehalten in Frogmore, South Carolina, im November 1967.

Instrumente der Unterdrückung gewesen waren. Aber die Strategie der Gewaltlosigkeit hatte ihre Gewehre blockiert und der Trotz der Neger ihr Selbstvertrauen erschüttert. Als sie schließlich zu Schlagstöcken, Hunden und Gewehren griffen, waren das Ausland und die Nation Beobachter. Eben in diesem Augenblick wurde die Macht des gewaltlosen Protests offenbar. Er dramatisierte die wahre Bedeutung und Natur des Konflikts und machte bei überhartem Zuschlagen deutlich, wer der Übeltäter und wer das unschuldige, unterdrückte Opfer war. Die Nation und das Ausland wurden wachgerüttelt. Durch die nationale Gesetzgebung wurden Tausende von Südstaatengesetzen aufgehoben und klaffende Löcher in das Gebäude der Rassentrennung gerissen.

Das waren zweifellos Tage glänzender Siege. Schwarze und weiße Bürger verfochten gemeinsam die Sache der Menschenwürde. Aber wir müssen zugeben: unsere Erfolge hatten Grenzen. Eben dies möchte ich heute in erster Linie deutlich machen.

Die Neger waren empört über schreiende Ungleichheit. Ihr Endziel war totale, uneingeschränkte Freiheit. Die Mehrzahl der progressiven Weißen war empört über die gezeigte Brutalität. Ihr Ziel war Verbesserung oder begrenzter Fortschritt. Wenn die Neger in einigen Gebieten des Südens öffentliche Einrichtungen benutzen, sich in die Wählerlisten eintragen und wählen durften und scheinbar bessere Bildungsmöglichkeiten fanden, so gab das den Negern das Gefühl, voranzukommen; sie spürten Bewegung. Den Weißen aber gab es das Gefühl, es sei alles erreicht. Als sich die Neger nachdrücklich anschickten, die zweite Sprosse der Leiter zu erklimmen, zeigte sich in der weißen Gemeinschaft zäher Widerstand.

Dieser Widerstand kennzeichnete die zweite Phase, die wir jetzt erleben. Das Aufhalten des begrenzten Fortschritts durch den weißen Widerstand offenbarte den latenten Rassismus, der in unserer Gesellschaft tief verwurzelt ist. Die kurze Phase weitverbreiteten guten Willens verging rasch. Als Hochstimmung und Erwartungen erstarben, wurden die Neger um so deutlicher gewahr, daß das Ziel der Freiheit noch immer in weiter Ferne lag. Unser unmittelbares Elend bestand im wesentlichen immer noch in der Qual der Entbehrung.

In den vergangenen zehn Jahren ist wenig gegen die schreienden Getto-Probleme getan worden. Das ist ganz offenkundig. Denn alle Bürgerrechtsgesetze waren dazu bestimmt, die Verhältnisse im Süden zu bessern. Ein Gefühl der Zwecklosigkeit und Enttäuschung breitete sich aus und wirkte lähmend angesichts der verhärteten Haltung der Weißen. Gewaltlosigkeit als eine relevante Form des Protests wurde als taktische Theorie kritisiert. Neger aus dem Norden gaben ihrer Empörung und Feindseligkeit in einer Reihe von Ausschreitungen Ausdruck. Das Jahrzehnt von 1955 bis 1965 mit seinen konstruktiven Phasen führte uns irre. Jeder unterschätzte das Ausmaß des Zorns, den die Neger unterdrücken mußten, und das Ausmaß der Heuchelei, die die weiße Mehrheit zu verhehlen suchte.

Die Negerunruhen stehen heute im Mittelpunkt des Geschehens und werden von Weißen wie Schwarzen als Grundlage für gegensätzliche Standpunkte vorgebracht. Manche Neger behaupten, sie kennzeichneten das Anfangsstadium von Rebellion und Guerillataktiken, welche in Zukunft das Merkmal der Negerrevolte sein würden. Sie werden als neue Etappe im Kampf der Neger dargestellt, die die alte und angeblich überholte Taktik des gewaltlosen Widerstandes ablösen soll. Gleichzeitig benutzen weiße Kräfte die Unruhen als Beweismittel dafür, daß die Neger nicht fähig seien, konstruktiven Wandel herbeizuführen, und sich mit ihrem gesetzlosen Verhalten alle Rechte verscherzten, was jede Art von Druckmitteln rechtfertige.

Nun möchte ich beide Fragen untersuchen. 1. Liegt die Schuld an den Unruhen ausschließlich bei den Negern? Und 2. Sind sie eine natürliche Entwicklung auf eine neue Phase des Kampfes hin? Millionen Worte werden gesprochen und geschrieben werden, um die Ausschreitungen in den Negergettos zu analysieren. Aber ich möchte hier als verständnisvolle und lebendige Aussage zur Schuldfrage zwei Sätze von Victor Hugo anführen, die ich, wie ihr wißt, häufig zitiere: »Wenn die Seele in Dunkelheit gelassen wird, werden Sünden begangen. Der Schuldige ist nicht der, welcher die Sünde begeht, sondern der, welcher die Dunkelheit verursacht.«

Die politisch Mächtigen unter den Weißen haben die Dunkelheit verursacht: Sie schufen die deprimierenden Slums. Sie lassen Arbeitslosigkeit, Armut und Unterdrückung fortbestehen. Es mag unbestreitbar und beklagenswert sein, daß Neger Verbrechen begangen haben, aber es sind im wesentlichen Folgeverbrechen. Sie entstanden aus den größeren Verbrechen der weißen Gesellschaft.

Wenn wir von den Negern verlangen, daß sie sich an das Gesetz halten, dann laßt uns auch offen erklären, daß der weiße Mann sich nicht an das Gesetz hält. Tagein, tagaus verletzt er Wohlfahrtsgesetze, um den Armen ihre kümmerlichen Anteile wegzunehmen. Flagrant verletzt er Baugesetze und -vorschriften. Seine Polizei ist ein Hohn auf das Gesetz. Er verletzt die Gesetze über Gleichstellung in Beruf und Erziehung. Die Slums sind das Werk eines verwerflichen Systems der weißen Gesellschaft. Die Neger leben darin, aber sie machen sie nicht, sowenig wie ein Sträfling ein Gefängnis macht. Sagen wir es deshalb rundheraus: Wenn alle von Weißen während all der Jahre begangenen Rechtsbrüche in den Slums zusammengerechnet und mit den Gesetzesübertretungen von ein paar Tagen des Aufruhrs verglichen würden, dann wäre ganz eindeutig der Weiße der verstockte Verbrecher.

Wenn ich das Wort »Weißer« verwende, so versuche ich mit einem allgemeinen Ausdruck den Gegner des Negers zu bezeichnen. Ich will damit nicht alle weißen Menschen einer Wertung unterziehen. Ich glaube, man muß das betonen, denn Millionen von ihnen haben sich über die herrschenden Vorurteile moralisch erhoben. Sie sind gewillt, die Macht zu teilen und strukturelle Änderungen der Gesellschaft zu akzeptieren, selbst auf Kosten traditioneller Privilegien. Ihr Vorhandensein zu leugnen, wie es einige Ultranationalisten tun, hieße eine offensichtliche Wahrheit bestreiten. Mehr als das, es würde Verbündete vertreiben, die unseren Kampf stärken können und gestärkt haben. Ihre Unterstützung dient nicht nur dazu, unsere Macht zu vergrößern, sondern indem sie mit der Einstellung der Mehrheit brechen, spalten und schwächen sie die Gegenpartei. Die Entwicklung eines schwarzen Bewußtseins und Zusammengehörigkeitsgefühls erfordert nicht, daß wir die weiße Rasse als Ganzes verachten. Es ist nicht die Rasse an sich, die wir bekämpfen, sondern die Strategie und Ideologie, die gewisse Führer dieser Rasse entwickelt haben, um die Unterdrückung fortzusetzen.

Wenn wir die allgemeinen Ursachen der Unruhen zusammenfassen, müssen wir sagen, daß die weiße Machtstruktur noch immer bestrebt ist, die Mauern der Rassentrennung und Ungleichheit grundsätzlich aufrechtzuerhalten, während sich die Entschlossenheit der Neger, sie zu durchbrechen, verstärkt hat.

M. E. können fünf Hauptursachen für die Unruhen genannt werden: 1. der »weiße Gegenschlag« (white backlash); 2. weitreichende Diskriminierungspraktiken; 3. Arbeitslosigkeit; 4. der Krieg in Vietnam und 5. städtische Probleme, Kriminalität und übermäßige Zuwanderung.

Der »weiße Gegenschlag« ist eine primäre Ursache, weil er die emotionale Heftigkeit der Ausbrüche und ihre Spontaneität erklärt. Durch seine Verworfenheit zerstörte der »weiße Gegenschlag« die Hoffnung, neue Verhaltensweisen seien im Entstehen. Die Rückkehr zu brutalem Verhalten, gekennzeichnet im Süden durch eine Reihe von Morden, im Norden durch das Wiederaufleben des weißen Rowdytums, und der kühle, systematische Rückzug ehemaliger weißer Verbündeter enthielten eine harte Botschaft für die Neger. Man sagte ihnen, es gebe Grenzen für ihren Fortschritt, sie müßten damit rechnen, für immer benachteiligt und arm zu bleiben.

Daß die Diskriminierung alle Lebensgebiete durchdringt, ist so selbstverständlich geworden, daß man ihre provozierende Wirkung leicht vergißt. Selbst wenn es dem Neger gelingt, auf der wirtschaftlichen Leiter Fuß zu fassen, stößt ihn die Diskriminierung immer wieder hinunter, sobald er nur ein paar Sprossen erklommen hat. Sie verfolgt ihn auf jeder Ebene, um seine Initiative zu lähmen und sein Wesen zu beleidigen. Für die unglaublich wenigen, die bis zu wirtschaftlicher Sicherheit aufsteigen, bleibt sie bestehen und verschließt ihnen manche Tür.

Eng verbunden mit der Diskriminierung ist eine ihrer schlimmsten Konsequenzen: Arbeitslosigkeit. Ihr könnt euch vermutlich noch daran entsinnen, daß die Vereinigten Staaten in den 30er Jahren am Abgrund der Revolution schwankten, als die Arbeitslosigkeit in unserem Lande eine Höhe von 25 % erreichte. Was wir unbedingt sehen müssen, wenn wir unsere Arbeit im Süden und vor allem im Norden fortsetzen: mitten in einer Zeit nie dagewesenen Reichtums bewegt sich die Arbeitslosigkeit der schwarzen Jugendlichen in vielen Städten nach amtlichen Angaben um 30 bis 40 %. Da sie in dem Bewußtsein leben, daß sie noch fast ihr ganzes Leben vor sich haben, wird das Zuschlagen der Türen vor ihrer Nase zu Zorn und Rebellion führen.

Die vierte Ursache ist der Vietnamkrieg. Wir verüben ungeheure Grausamkeiten in Vietnam. Wir stehen vor der Welt, besudelt von unserer eigenen Barbarei. Wir führen einen Krieg, der das Rad der Geschichte zurückdrehen und weißen Kolonialismus verlängern soll. Die Bomben in Vietnam explodieren zu Hause – sie zerstören den Traum und die Möglichkeit eines anständigen Amerika. Ich muß auch darauf hinweisen, daß zweimal so viel Arme für den Kampf an der Front eingezogen werden, als ihrem Bevölkerungsanteil entspricht. Sie stellen 24 % der Truppen an der Front in einem Krieg von nie gekannter Brutalität. Unsere jungen Männer marschieren unter demokratischen Schlagworten, um die Regierung in Saigon zu verteidigen, die die Demokratie verhöhnt. Sie wissen: In der Heimat gibt es für sie keine echte Demokratie, und nach ihrer Heimkehr werden sie wieder ein hartes Leben als Bürger zweiter Klasse führen müssen, selbst wenn sie mit Tapferkeitsmedaillen behängt sind.

Einen ganzen Ursachenkomplex stellen schließlich die immer schlechter werdenden städtischen Lebensbedingungen dar. Unsere Städte ersticken fast in verunreinigter Luft, dichtem Verkehr und unzureichender Wasserversorgung. Die öffentlichen Einrichtungen sind völlig veraltet und unzulänglich. Ganz unten in diesem Chaos der Vernachlässigung ersticken Neger in schmutzigen Slums, die in keinem anderen Industriestaat der Welt ihresgleichen finden.

Am Zustand jeder größeren Stadt läßt sich ablesen, daß unzählige Arme und Neger dorthin wanderten auf ihrer verzweifelten Suche nach einer Erfüllung des amerikanischen Traums. Obwohl es eine bekannte Tatsache ist, daß Millionen von Negern im Süden durch die Arbeitsverknappung in der Landwirtschaft in den letzten zwanzig Jahren vom Land vertrieben wurden, hat es keine staatliche Planung gegeben, um Abhilfe zu schaffen. Als gegen Ende des 19. Jahrhunderts weiße Einwanderer in die Vereinigten Staaten kamen, gab ihnen eine wohlwollende Regierung freies Land und Kredite, damit sie sich ein nützliches, unabhängiges Leben aufbauen konnten. Als dagegen der Neger wanderte, war er auf seine eigene Initiative und seine eigenen Mittel angewiesen. Er überfüllte die Städte und wurde in Gettos zusammengepfercht, er erhielt keine Anstellung und wurde aufgrund entehrender Diskriminierung übel ausgebeutet. Obwohl auch andere Minderheiten Hindernissen begegnet waren, war doch keine dermaßen brutal verhöhnt und dermaßen konsequent jeder Möglichkeit beraubt worden wie die der Neger.

Alle diese Umstände bildeten den Zündstoff für Gewalttätigkeit und Unruhen. Wie der Sozialpsychologe Kenneth Clark einmal sagte: »Man muß sich wundern, daß die Unruhen nicht schon früher ausbrachen.« Viele nachdenkliche Sozialwissenschaftler geben heute zu, daß die Elemente einer sozialen Katastrophe sich in solchem Maße zusammengeballt haben, daß es vielleicht keine Abhilfe mehr gibt.

Ehrlicherweise muß ich zugeben, daß ich nicht besonders optimistisch bin. Aber ich bin auch nicht bereit, mich geschlagen zu geben. Ich glaube daran, daß es mehrere ernsthafte Programme gibt, die die Flut der sozialen Auflösung umkehren können. Außerdem glaube ich, daß die Unruhen, so destruktiv sie auch sein mögen, sehr einseitig bewertet worden sind. Die Gewalttätigkeit der Unruhen weist einen auffallenden Aspekt auf, der nur wenige Kommentare und noch weniger Analysen ausgelöst hat: In allen Unruhen der letzten Zeit erreichte der Sachschaden gewaltige Ausmaße, er überstieg eine Milliarde Dollar. Aber die körperlichen Schäden, die Weißen von Negern zugefügt wurden, waren vergleichsweise gering. Die scharfe Klinge der Gewalt in Negerhänden wurde fast ausschließlich gegen Sachen, nicht gegen Menschen eingesetzt.

Die sogenannten Aufstände waren letztlich Ausdruck bewußter Gewaltlosigkeit gegen Menschen. Die innere Wut der Neger hat sich noch nicht in Menschenfeindlichkeit geäußert. Sie haben eine tiefverwurzelte Abneigung gegen Gewalt an Personen, besonders bei zufällig anwesenden Personen, die keine unmittelbare Bedrohung darstellen. Tausende von Weißen sind täglich im Getto und bleiben unversehrt. Ich meine, es wäre ein großer Fehler, Gewaltlosigkeit als Macht im Leben der Neger zu leugnen.

Viele Beobachter neigen zu der Auffassung, die städtischen Neger seien zu raffiniert und zu zornig, um gewaltlos zu sein. Sie werden als rohe Menschen dargestellt, die sich kaum in der Kontrolle haben. Dieselben Beobachter stellen die gewaltlosen Märsche und Demonstrationen im Süden als belanglos hin mit der Behauptung, es habe sich im wesentlichen um Prozessionen frommer alter Damen gehandelt. Tatsächlich waren jedoch in all unseren Märschen einige stark engagiert, die normalerweise sehr zur Gewalt neigten. In Birmingham sammelten wir, bevor die Demonstrationen begannen, routinemäßig Hunderte von Messern ein, um uns gegen momentane Schwächen der Teilnehmer abzusichern.

Wir wissen aus unmittelbarer Erfahrung, daß selbst ein sehr gewalttätiger Mensch sich beherrschen kann, wenn seine Ziele mit anderen Mitteln erreicht werden können. Diese Erfahrung hat sich im Norden bestätigt. Als sich 1966 in Chicago hinterhältige, grölende weiße Rowdies an den Bürgersteigen aufstellten, waren viele unserer Ordner junge Bandenführer oder -mitglieder. Diese jungen Männer, an Gewalt gewöhnt und in ihrer Anwendung geübt, sobald man sie aus ihrer Verpflichtung zu friedlichen Märschen entläßt, konnten die weißen Schläger in einen zitternden Haufen verwandeln. Sie waren zu friedlichem Verhalten und eiserner Disziplin fähig, weil sie bereit waren, mit uns eine konstruktive Lösung zu suchen.

Ich möchte deshalb betonen, daß wir ein Programm formulieren und neue Taktiken ausarbeiten müssen, die nicht mit dem guten Willen der Regierung rechnen, sondern unwillige Behörden zwingen, den Forderungen nach Gerechtigkeit nachzugeben. Wir müssen beispielsweise ein Notprogramm verlangen, das jedem Stellungsuchenden Arbeit oder, falls ein Beschäftigungsplan undurchführbar ist, ein gesichertes Jahreseinkommen verschafft, und zwar in einer Höhe, die ihm ein anständiges Leben gestattet. Ein zweiter Punkt unseres Programms ist das Niederreißen der Slums und der Neuaufbau durch die dort lebende Bevölkerung. Drittens müssen wir große Anstrengungen machen, unser Schicksal selbst zu bestimmen. M. a. W. wir müssen die einheimischen Kolonien, d. h. die Gettos, abschaffen, die unübersehbaren Gettos unserer Nation. Die »Aktion Brotkorb«, unser Programm für wirtschaftlichen Fortschritt, muß so eskaliert werden, daß keine Industrie in diesem Land unseren Forderungen ausweichen kann. Viertens müssen wir uns engagiert in die politische Arena begeben. Wo immer es möglich ist, müssen wir qualifizierte und engagierte Negerkandidaten wählen, wie es gerade in Cleveland, in Gary und in vielen Staaten des Südens der Fall war. In Mississippi, Louisiana und Georgia gibt es zum ersten Mal Neger in der staatlichen gesetzgebenden Körperschaft. Wir müssen entsprechende Programme vorantreiben; es ist höchste Zeit, daß wir alle rassistischen Kongreßmitglieder in den Ruhestand bringen. Sie könnten leicht abgelöst werden, wenn mehr von uns wählen würden.

Es gibt kaum Meinungsverschiedenheiten unter den Negern über diese Maßnahmen. Meinungsverschiedenheiten ergeben sich höchstens in bezug auf die Methoden.

Ich bin noch immer überzeugt – und das ist der entscheidende Punkt, den ich herausstellen möchte –, daß eine gewaltlose Lösung möglich ist. Allerdings muß die Gewaltlosigkeit den städtischen Bedingungen und dem städtischen Milieu angepaßt werden. Der gewaltlose Protest muß jetzt reif werden für eine neue Stufe, um der erhöhten schwarzen Ungeduld und dem verhärteten weißen Widerstand Rechnung zu tragen. Diese höhere Stufe ist ziviler Ungehorsam auf Massenbasis. Diese Methode ist in unserem Kampf für Gerechtigkeit wohlbekannt. Es bedarf mehr als einer Erklärung an die Adresse der Gesamtgesellschaft; es bedarf einer Kraft, die deren Funktionieren an einer zentralen Stelle unterbricht. Diese Unterbrechung darf jedoch nicht heimlich oder hinterrücks geschehen. Sie muß offen geschehen. Es ist unnötig, sie mit Guerillaromantik zu umgeben. Sie soll offen sein und vor allem von großen Massen ohne Gewaltanwendung durchgeführt werden. Wenn sich die Gefängnisse füllen, weil man uns aufhalten will, tritt ihr Sinn nur um so klarer zutage. Der Neger wird damit sagen: Ich weiche den Strafen für Gesetzesbruch nicht aus, ich bin gewillt, alle Strafen zu ertragen, weil eure Gesellschaft nicht imstande sein wird, das Stigma zu ertragen, daß sie ihre Minderheiten gewaltsam und öffentlich unterdrückt, um Ungerechtigkeiten beizubehalten.

Von Massen geübter ziviler Ungehorsam als neue Kampfstufe kann den tiefen Zorn in den Gettos in eine schöpferische Kraft umwandeln. Das Funktionieren einer Stadt zu stören, ohne sie zu zerstören, kann wirkungsvoller sein als ein Aufstand, denn es kann länger dauern und für die Gesellschaft teuer werden, ohne böswillig und destruktiv zu sein. Es ist ein Instrument sozialen Handelns, das die Regierung viel schwerer mit bloßer Übermacht unterdrücken kann.

Die begrenzte Wirkung der Ausschreitungen liegt, abgesehen von moralischen Erwägungen, darin, daß sie nicht zum Sieg führen können, und das wissen die Teilnehmer. Folglich sind Gettounruhen nicht revolutionär, sondern reaktionär, da sie nur Niederlagen herausfordern. Sie bewirken eine emotionale Katharsis, aber danach entsteht ein Gefühl der Zwecklosigkeit. Ziviler Ungehorsam, von Massen geübt, hat Aussicht auf Erfolg. Er ist militant und herausfordernd, aber nicht destruktiv.

Da junge Leute eine große Rolle in dem Programm spielen werden, das ich nur knapp umrissen habe, laßt mich einige Worte zur Stimmung der amerikanischen Jugend sagen. Ich glaube, das ist aus mehreren Gründen wichtig. Ihre Stimmung ist ja ein Aspekt unserer nationalen Stimmung überhaupt. Unter dem Druck sozialer Mächte, die in ihrer Zeit einzig dastehen, haben sich die jungen Leute in drei Hauptgruppen zersplittert.

Die größte Gruppe unter den jungen Leuten ist bemüht, sich den vorherrschenden Werten unserer Gesellschaft anzupassen. Ohne große Begeisterung akzeptieren sie das Regierungssystem, die wirtschaftlichen Beziehungen innerhalb des Besitzsystems und die soziale Schichtung, die beide Systeme erzeugen. Aber auch so sind sie eine tief beunruhigte Gruppe, und sie alle sind scharfe Kritiker des Status quo. In dieser größten Gruppe sind soziale Verhaltensweisen nicht erstarrt oder entschieden, sondern fließend und suchend. Obwohl alle Untersuchungen der letzten Zeit darauf hinweisen, daß der Vietnamkrieg im Brennpunkt ihres Interesses liegt, sind die meisten von ihnen nicht bereit, sich der Einberufung zu widersetzen oder bei der Frage »Gewalt oder Gewaltlosigkeit« eindeutig Stellung zu beziehen. Aber ihr Gewissen wurde angerührt von dem in der ganzen Welt immer stärker werdenden Gefühl vom Grauen und Wahnwitz des Krieges, von der zwingenden Notwendigkeit, Leben zu achten, von der Dringlichkeit, über den Krieg als eine Methode zur Lösung internationaler Probleme hinauszugelangen.

Es gibt eine zweite Gruppe junger Leute, gegenwärtig noch klein, aber dynamisch und im Wachsen begriffen. Das sind die Radikalen. Diese Gruppe reicht von Gemäßigten bis zu Extremisten, je nach dem Grad, bis zu dem sie das soziale System ändern wollen. Sie alle stimmen darin überein, daß die gegenwärtigen Übel nur durch strukturelle Neuerung beseitigt werden können, da die Wurzeln eher im System als in den Menschen oder in fehlerhaften Handlungen liegen.

Sie sind Radikale neuen Schlages. Nur sehr wenige hängen einer feststehenden Ideologie oder einem Dogma an. Einige machen Anleihen bei alten Revolutionsdoktrinen, aber fast alle lassen es unentschieden, welche Form eine neue Gesellschaft haben müsse. Sie befinden sich in ernsthafter Auflehnung gegen alte Werte, haben aber die neuen noch nicht konkret formuliert. Sie wiederholen nicht einfach frühere revolutionäre Doktrinen. Die meisten von ihnen haben die revolutionären Klassiker nicht einmal gelesen. Ironischerweise rührt ihre Rebellion daher, daß sie bei dem Versuch, innerhalb der bestehenden Gesellschaft einen Wandel herbeizuführen, enttäuscht wurden. Sie versuchten Rassengleichheit herbeizuführen und stießen auf zähen und bösartigen Widerstand. Sie arbeiteten auf eine Beendigung des Vietnamkrieges hin und erlebten die Nutzlosigkeit dieses Versuchs. Ihr Bemühen um höhere soziale Werte wurde vereitelt durch eine Kombination materiellen Reichtums mit geistiger Armut, die eine klare, schöpferische Perspektive nicht zuließ. Und so suchen sie einen neuen Anfang mit neuen Regeln in einer neuen Ordnung. Gerechterweise muß man zugeben, daß sie gegenwärtig eher wissen, was sie nicht wollen, als was sie wollen. Ihr Radikalismus wächst, da die heutige Machtstruktur bei der Verteidigung nicht nur ihres sozialen Systems, sondern auch der Mißstände, die es enthält, unnachgiebig ist.

Welche Haltung nimmt diese zweite, radikale Gruppe der Gewalt gegenüber ein? Kurz gesagt, eine »gemischte«. Es gibt heute junge Radikale, die Pazifisten sind, und viele, die Lehnstuhl-Revolutionäre sind, die auf der politischen und psychologischen Notwendigkeit der Gewaltanwendung beharren. Diese jungen Gewalttheoretiker verschmähen bewußt den Dialog zugunsten der Taktik der Konfrontation. Sie verherrlichen die Guerilla-Bewegung und besonders deren neuen Märtyrer, Che Guevara. Gibt es aber quer durch die ganze Skala von Einstellungen, die die Radikalen zur Gewalt haben, einen verbindenden Faden? Ob sie Gandhi oder Frantz Fanon lesen, alle Radikalen begreifen die Notwendigkeit der Aktion, direkter, selbstverwandelnder und strukturwandelnder Aktion. Das ist wohl ihre schöpferischste kollektive Einsicht.

Die jungen Leute der dritten Gruppe werden gemeinhin »Hippies« genannt. Sie mögen in direkter Linie von den Beatniks von gestern abstammen. Die Hippies sind nicht nur bunt, sie sind auch vielschichtig, und in mancher Hinsicht beleuchtet ihre extreme Lebensführung die negative Wirkung der sozialen Übel auf empfindsame junge Menschen. Obwohl es Varianten gibt, haben jene, die sich mit dieser Gruppe identifizieren, eine gemeinsame Philosophie. Sie ringen darum, sich von der Gesellschaft zu lösen, als Ausdruck ihrer Ablehnung dieser Gesellschaft. Sie lehnen Verantwortung für die Organisation der Gesellschaft ab. Im Gegensatz zu den Radikalen suchen sie nicht Änderung, sondern Flucht. Wenn sie gelegentlich an einer Friedenskundgebung teilnehmen, dann tun sie es nicht, um die politische Welt zu verbessern, sondern um ihrer eigenen Welt Ausdruck zu verleihen. Der echte Hippie ist ein echter Widerspruch. Er nimmt Drogen, um sich nach innen zu kehren, weg von der Wirklichkeit, und um Frieden und Sicherheit zu finden. Dennoch propagiert er die Liebe als höchsten menschlichen Wert – die Liebe, die doch nur in der Verständigung zwischen Menschen und nicht in der völligen Isolierung des einzelnen leben kann.

Die Bedeutung der Hippies liegt nicht in ihrem unkonventionellen Benehmen, sondern darin, daß einige Hunderttausende junger

Menschen, indem sie vor der Wirklichkeit fliehen, ein vernichtendes Urteil über die Gesellschaft aussprechen, aus der sie kommen. Wenn ein Exodus solchen Ausmaßes möglich ist, besonders unter den Privilegierten dieser Gesellschaft, dann zeigt das, wie weit die Verachtung der geltenden Werte vorangeschritten ist.

Es scheint mir, daß sich die Hippies als Großgruppe nicht lange halten werden. Sie können nicht überleben, weil die Flucht keine Lösung darstellt. Die meisten von ihnen werden sich neu gruppieren und sich entweder den Radikalen anschließen oder in den »Hauptstrom« zurückkehren. Einige von ihnen mögen überdauern, indem sie sich zu einer nichtkirchlichen religiösen Sekte konsolidieren. Ihre Bewegung weist bereits viele solcher Züge auf. Einige von ihnen werden vielleicht utopische Kolonien ins Leben rufen, ähnlich jenen Gemeinden im 17. und 18. Jahrhundert, die von Sekten gegründet wurden, welche die bestehende Ordnung und deren Werte zutiefst ablehnten. Jene Gemeinden überlebten nicht. Aber sie waren wichtig für ihre Zeitgenossen und die Generationen danach, weil ihr Traum von sozialer Gerechtigkeit und menschlicher Würde als ein Traum der Menschheit weiterlebt.

In diesem Zusammenhang ist ein Traum der Hippies sehr bedeutungsvoll, ich meine ihren Traum vom Frieden. Die meisten Hippies sind Pazifisten, und ein paar sind zu einer überzeugenden und psychologisch verfeinerten Friedensstrategie gelangt. Die Gesellschaft als ganze ist vielleicht heute eher als vor hundert oder zweihundert Jahren bereit, etwas aus diesem Traum zu lernen; vielleicht hört sie auf das Argument für den Frieden, nicht als Traum, sondern als praktische Möglichkeit: etwas, das man wählen und nutzen kann.

Aus diesem kurzen Überblick über die drei Hauptgruppierungen unserer jungen Leute sollte deutlich hervorgehen, daß diese Generation sich in beträchtlicher innerer Gärung befindet. Selbst die große Gruppe derjenigen, die keine Abneigung gegen die Gesellschaft hat, stellt grundlegende Fragen. Ihre Unruhe macht den zornigen Protest der Radikalen und den systematischen Rückzug der Hippies verständlich. Alle drei Gruppen stimmen dem lässig hingeworfenen, aber tiefgründigen Kommentar über das Amerika der Erwachsenen zu, den ein desillusionierter Student gab: »Selbst wenn man ein Rattenrennen gewinnt, ist man noch immer eine Ratte«. (Sinngemäß: »Selbst wenn man sich im Lebens-

kampf durchsetzt, so bleibt man doch eine miserable Existenz« –
der Übers.)

Während der frühen 50er Jahre war der McCarthyismus der Hen-
ker, der mit den Truppen des Kalten Krieges arbeitete. Jahrelang
zerstreute er soziale Organisationen, drosselte die Meinungsfrei-
heit und schüchterte nicht nur Radikale und Liberale zu ödem
Schweigen ein, sondern auch Männer in hohen und geschützten
Positionen. Eine sehr kleine Schar mutiger Leute wehrte sich
und beugte sich nicht, trotz Ächtung, Verleumdung und Verlust
des Lebensunterhalts. Aber allmählich und unter Schmerzen er-
wachte der demokratische Instinkt der Amerikaner, und die rohe
ideologische Gewalt wurde ausgerottet. Der McCarthyismus hin-
terließ jedoch ein Erbe sozialer Lähmung. Furcht herrschte in den
folgenden Jahren, und die Sozialreform blieb gehemmt und de-
fensiv. Eine Atmosphäre der Anpassung und Einschüchterung
herrschte und veranlaßte jung und alt, das Mittelmäßige und
Herkömmliche zu preisen. Kritik an der sozialen Ordnung trug
immer noch das Odium des Verrats. Der Koreakrieg war zwar
unpopulär, er war jedoch nie der eindringlichen Kritik und den
Massendemonstrationen ausgesetzt, die heute die Opposition gegen den Vietnamkrieg kennzeichnen.

Diese Atmosphäre der Furcht wurde von den jugendlichen Negern vertrieben. Als sie ihren Kampf in die Straßen trugen, wurde
ein neuer Geist des Widerstands geboren. Inspiriert von der
Kühnheit und praktischen Phantasie der Neger, schritt auch die
weiße Jugend zur Tat und bildete eine Koalition, die das Gewissen der Nation aufrüttelte. Der schöpferische Beitrag junger dy-
namischer Neger während der letzten acht Jahre läßt sich kaum
übertreiben. Sie übernahmen den zuerst in Montgomery, Alabama, von Massen geübten gewaltlosen Widerstand und entwickelten originelle Formen der Anwendung: Sit-ins, Freiheitsfahrten
und Märsche in Schwimmbäder für Weiße. Um ihre Ziele zu erreichen, verwandelten sie zuerst sich selbst. Junge Neger hatten
traditionsgemäß die Weißen in Kleidung, Benehmen und Denk-
weise nachgeahmt, gemäß den starren Standards der Mittelschicht. Gunnar Myrdal beschrieb sie als »übertriebene Amerikaner«. Jetzt hörten sie auf zu imitieren und begannen, Initiative zu
entwickeln. Die Führung ging in die Hände von Negern über,
und ihre weißen Verbündeten fingen an, von ihnen zu lernen.
Das war eine revolutionäre und gesunde Entwicklung für beide
Seiten.

Es ist eine Ironie, daß heute so viele Erzieher und Soziologen nach neuen Methoden suchen, um der Negerjugend Werte der Mittelschicht als Ideal der sozialen Entwicklung zu vermitteln. Genau in dem Augenblick nämlich, als junge Neger ihre Mittelschichtwerte über Bord warfen, leisteten sie einen historischen gesellschaftlichen Beitrag. Sie gaben diese Werte auf, als sie der Karriere und dem Wohlstand sekundäre Bedeutung beimaßen, als sie fröhlich Gefängnisinsassen und Unruhestifter wurden. Wenn sie ihre Kleidung von Brooks Brothers ablegten und Overalls anzogen, um im isolierten ländlichen Süden zu arbeiten, reizten und begeisterten sie die weiße Jugend, mit ihnen zu wetteifern. Viele verließen die Schule, nicht um das Lernen aufzugeben, sondern um es auf direktere Weise zu suchen. Sie waren konstruktive Schulabgänger, die die Gesellschaft und sich selber stärker machten. Diese schwarzen und weißen Jugendlichen waren die Vorläufer des Friedenskorps, und man kann durchaus sagen, daß ihre Arbeit die Anregung zu dessen Organisation auf internationaler Ebene gab.

Nun sind diese Jahre, die späten 6oer Jahre, eine sehr kritische Zeit für die Bewegung. In einem bestimmten Sinn ist das Bündnis verantwortungsbewußter junger Menschen, das die Bewegung darstellte, unter dem Druck von Fehlschlägen, Entmutigungen und unter dem Extremismus und der Polarisierung, die darauf folgten, auseinandergefallen. Die Bewegung für soziale Erneuerung ist in eine Zeit der Versuchung zur Hoffnungslosigkeit eingetreten; denn jetzt ist es klar, wie tief und systembedingt die Mißstände sind, denen sie gegenübersteht. Es herrscht eine starke Versuchung, an Programmen und Aktionen zu verzweifeln und Energien in hysterischem Geschwätz zu verschwenden. Es besteht eine Versuchung, in Extremistengruppen auseinanderzufallen, die sich gegenseitig mißtrauen, in denen Schwarze die Mitwirkung von Weißen und Weiße die Realität ihrer eigenen Geschichte ablehnen.

Aber wir in der SCLC müssen, während die jungen Leute dieser Krise gegenüberstehen, Programme ausarbeiten, um die Bewegung für soziale Reform von ihrer früheren, heute nicht mehr angemessenen Protestphase zu einer neuen Stufe des massiven, aktiven und gewaltlosen Widerstands gegen die Übel der modernen Gesellschaft zu führen. Während diese Arbeit und diese Planung fortschreitet, erahnen wir in großartigen Perspektiven, was es für die Welt bedeuten würde, wenn es den neuen Widerstandsprogrammen gelänge, ein noch weiter reichendes Bündnis der wach-gewordenen Jugend von heute zu schmieden.

Gewaltloser aktiver Widerstand gegen soziale Übel, der massiven zivilen Ungehorsam einschließt, kann m. E. die besten Einsichten aller drei von mir genannten Gruppen unserer Jugend zu einer Synthese der Aktion vereinigen. Von den Hippies kann er die Vision friedlicher Schritte zu einem Friedensziel übernehmen, auch ihren Sinn für das Schöne, Sanfte und für die einzigartigen Geistesgaben jedes Menschen. Von den Radikalen kann er das brennende Gefühl der Dringlichkeit, die Erkenntnis von der Notwendigkeit direkter und gemeinsamer Aktion sowie strategischer und organisatorischer Überlegungen übernehmen. Und da das entstehende Programm weder eines der Anarchie noch eines der Verzweiflung ist, kann es auch die Arbeit und die Einsichten jener jungen Leute willkommen heißen, die unsere gegenwärtige Gesellschaft nicht total ablehnen. Sie können die extremen Gruppen anregen, ihre neue Vision in die gegenwärtige Geschichte und Gesellschaft zu integrieren. Sie können der Bewegung helfen, das schwankende Rohr nicht zu brechen, noch den glimmenden Docht der Werte, die in der Gesellschaft, die wir ändern wollen, bereits anerkannt sind, zu löschen. Sie können dazu beitragen, daß die Möglichkeit eines ehrenhaften Kompromisses offenbleibt.

Da ich jetzt von der Analyse zu den Schlußfolgerungen komme, möchte ich gern einiges sagen, was ich für wesentlich halte, wenn wir in der kommenden Zeit weiter schöpferische Fortschritte machen wollen. Ich sprach vor einigen Minuten über die Versuchung der Verzweiflung. Zweifellos sind wir alle in unserer täglichen Arbeit dieser Versuchung ausgesetzt; wo immer wir arbeiten, gibt es jene Momente, in denen wir am liebsten aufgeben möchten. Wir sind alle gebrandmarkt von der Flamme vernichtender Enttäuschung. Die Enttäuschung des Negers ist real, ein lebendiger Teil unseres täglichen Lebens. M. E. ist die Frage, wie man mit Enttäuschungen fertig wird, eines der quälendsten menschlichen Probleme. In unserem eigenen Leben destillieren wir allzu oft Bitterkeit aus unseren Enttäuschungen oder baden uns in tiefem Selbstmitleid oder vertreten eine fatalistische Philosophie, wonach alles, was geschieht, geschehen muß und alle Ereignisse von Notwendigkeit bestimmt sind. Derartige Reaktionen vergiften die Seele und verletzen die Persönlichkeit. Die einzig richtige Antwort besteht in dem ehrlichen Eingeständnis der Enttäuschung, selbst wenn man an Hoffnungsfragmenten festhält;

in der Hinnahme begrenzter Enttäuschung, selbst wenn man an unbegrenzter Hoffnung festhält.

Wir, die wir arm und schwarz sind und so lange von Freiheit geträumt haben, sind immer noch im Gefängnis der Rassentrennung und Diskriminierung eingeschlossen. Müssen wir mit Bitterkeit und Zynismus antworten? Mir liegt daran, daß das auf keinen Fall geschieht – denn dann kann die Wut der Schwarzen so verzweifelt werden, daß sie in Selbstmord endet. Müssen wir uns innerlich selbst bemitleiden? Natürlich nicht, denn das könnte zu Wahnideen führen, die sich selbst besiegen. Müssen wir daraus folgern, daß wir nicht gewinnen können? Sicherlich nicht, denn das würde zu einem verzweifelten schwarzen Nihilismus führen, der Störung um der Störung willen sucht. Müssen wir uns der Unterdrückung unterwerfen, weil wir den fatalistischen Schluß ziehen, Rassentrennung sei dem Universum vorherbestimmt? Natürlich nicht. Denn passive Kooperation mit einem ungerechten System macht den Unterdrückten so schlecht wie den Unterdrücker. Es verspricht am meisten Erfolg, wenn wir standfest sind, mit aggressiver Gewaltlosigkeit vorwärtsschreiten, Enttäuschungen akzeptieren und uns an die Hoffnung klammern. Unsere bestimmte Weigerung, uns aufhalten zu lassen, wird schließlich die Tür zur Erfüllung öffnen.

Ich erinnere mich lebhaft daran, wie ich 1956 für den Flug von New York nach London in einer Propellermaschine neuneinhalb Stunden benötigte, wofür man mit einem Jet heute etwa sechs Stunden braucht. Auf dem Rückflug von London in die USA kündigte die Stewardess an, der Flug werde zwölfeinhalb Stunden dauern. Wenn die Entfernung die gleiche war, warum dann drei Stunden mehr? Als der Pilot den Passagierraum betrat, um die Fluggäste zu begrüßen, bat ich ihn um eine Erklärung. Er sagte etwas, was ich nie vergessen werde: »Sie müssen etwas über die Winde wissen. Wenn wir New York verlassen, begünstigt uns ein starker Rückenwind. Aber auf dem Rückflug haben wir starken Gegenwind.« Und dann fügte er hinzu: »Machen Sie sich keine Sorgen. Die vier Maschinen werden mit dem Wind fertig.«

In jeder sozialen Revolution gibt es Zeiten, in denen Rückenwinde des Triumphes und der Erfüllung uns begünstigen, und andere Zeiten, in denen starke Gegenwinde der Enttäuschung und der Rückschläge uns unerbittlich ins Gesicht blasen. Wir dürfen uns bei der Reise über den mächtigen Ozean des Lebens nicht von ungünstigen Winden überwältigen lassen. Wir müssen uns trotz der

Winde von den Energien und Motoren unseres Mutes tragen lassen. Diese Weigerung, sich aufhalten zu lassen, dieser »Mut zum Sein«, diese Entschlossenheit, »trotzdem« weiter zu machen, ist der Echtheitsstempel jeder großen Bewegung.

In der Zukunft dürfen wir es nicht mehr für unpatriotisch halten, einige grundsätzliche Fragen im Hinblick auf den Zustand unserer Nation zu stellen. Wir müssen fragen: Warum gibt es 40 Millionen Arme in einer Nation, die von unglaublichem Reichtum überfließt? Wir müssen fragen: Warum hat unsere Nation sich die Position des Militäragenten Gottes auf Erden angemaßt? Warum interveniert sie so rücksichtslos in Vietnam und in der Dominikanischen Republik? Warum spielen wir in arroganter Weise Polizei für die ganze Welt, statt unser eigenes Haus in Ordnung zu bringen? All diese Fragen erinnern uns daran, daß die Architektur der amerikanischen Gesellschaft radikal erneuert werden muß. Um des schlichten Überlebens willen muß Amerika alte Annahmen neu prüfen und sich von vielen Dingen lösen, die jahrhundertelang als heilig galten. Sollen die Übel des Rassismus, der Armut und des Militarismus aussterben, dann muß eine neue Wertordnung geboren werden. Unsere Wirtschaft muß sich mehr an Personen orientieren als an Eigentum und Profit. Unsere Regierung muß sich mehr auf moralische Stärke als auf militärische Stärke verlassen.

Deshalb sollten wir unsere Bewegung nicht als eine verstehen, die die Neger völlig in das geltende Wertsystem der amerikanischen Gesellschaft zu integrieren sucht. Laßt uns vielmehr schöpferische Andersdenkende sein, die unsere Nation zu einer neuen Bestimmung rufen, zu einer neuen Höhe des Mitgefühls, zu einer besseren Form der Menschlichkeit. Wir sind in hervorragender Weise geeignet, das zu tun. Wir sind gebrandmarkt von den Flammen des Leidens. Wir haben schmerzlich erfahren, was es heißt, der Unterlegene zu sein. Wir haben aus unserer Habenichts-Position gelernt, daß es einer Nation wenig hilft, die ganze Welt der Mittel zu gewinnen und dabei das Ziel zu verlieren, die eigene Seele. Wir müssen eine Leidenschaft für den Frieden entwickeln, geboren aus dem Elend und der Not des Krieges, und letzte Loyalität dem Reich der Ewigkeit geben. Irgendwie müssen wir es fertigbringen, jene Kolonie der Andersdenkenden zu sein, die unsere Nation mit dem Ideal einer höheren und edleren Ordnung zu erfüllen sucht.

Ich meine, wir müssen auch die Treuhänder schöpferischer

schwarzer Macht sein. Wir müssen das Positive an schwarzer Macht herausfinden und keine Angst haben zu betonen, daß wir diesen positiven Aspekten völlig zustimmen. Ich habe es schon oft gesagt: unser Problem in den Gettos ist unsere Machtlosigkeit. Wir müssen diese Machtlosigkeit in schöpferische und konstruktive Macht umwandeln. Wir müssen unbedingt unsere Identität finden. Wir müssen stolz auf unser Erbe sein. Es muß uns mit Stolz und nicht mit Scham erfüllen, daß wir schwarz sind. Allerdings müssen wir bei der Suche nach Identität ehrlich sein. Zweifellos muß jeder Mensch sich schließlich der Frage stellen: »Wer bin ich?« und sie ehrlich zu beantworten suchen. Ein Grundprinzip richtiger persönlicher Einstellung ist das Prinzip der Selbstannahme. Das größte Dilemma des Negers ist die Tatsache, daß er, um gesund zu sein, seine Ambivalenz akzeptieren muß. Der Neger ist ein Kind zweier Kulturen: der Afrikas und der Amerikas. Das Problem besteht darin, daß zu viele Neger bei der Suche nach »Ganzheit« nur eine Seite ihres Wesens annehmen wollen. Manche, die ihr Erbe ablehnen, schämen sich ihrer Hautfarbe, schämen sich der schwarzen Musik und Kunst und richten ihr Urteil über das, was schön und gut ist, nach den Standards der weißen Gesellschaft. Sie sind am Ende enttäuscht und kulturell entwurzelt. Andere suchen alles Amerikanische abzulehnen und identifizieren sich völlig mit Afrika, bis hin zum Tragen afrikanischer Kleidung. Aber auch diese Einstellung führt zu Enttäuschung, weil der amerikanische Neger kein Afrikaner ist. Die alte Hegelsche Synthese bietet immer noch die beste Lösung für viele Probleme des Lebens. Der amerikanische Neger ist weder ganz Afrikaner noch ganz Abendländer. Er ist ein Afro-Amerikaner, ein echter Hybride, eine Kombination zweier Kulturen.

Wer sind wir? Wir sollten es ohne Angst sagen: Wir sind die Nachkommen von Sklaven. Wir sind die Nachfahren edler Männer und Frauen, die aus ihrer Heimat verschleppt und auf Schiffen wie Tiere in Fesseln gelegt wurden. Wir sind die Erben des großen und ausgebeuteten Kontinents, der als Afrika bekannt ist. Wir sind die Erben einer Vergangenheit der Vergewaltigungen, der Verbrennungen und Morde, und was mich anbetrifft: ich schäme mich dieser Vergangenheit nicht. Ich schäme mich für die, die so unmenschlich waren, daß sie uns diese Martern auferlegen konnten. Aber wir sind auch Amerikaner – so verachtet und geschmäht wir auch sein mögen –, unser Schicksal ist mit dem Schicksal ganz Amerikas eng verbunden. Und trotz der Appelle, sich mit Afrika zu identifizieren, muß der Neger sich der Tatsache stellen, daß Amerika jetzt seine Heimat ist, eine Heimat, die er selber mitaufgebaut hat mit seinem Blut, seinem Schweiß und seinen Tränen. Weil wir Amerikaner sind, kann die Lösung unseres Problems nicht darin bestehen, daß wir eine getrennte schwarze Nation innerhalb der Nation zu errichten suchen, sondern darin, daß wir eine schöpferische und besorgte Minderheit aus der oft so gleichgültigen Mehrheit herausfinden und zusammen jene von der Hautfarbe unabhängige Macht erlangen, die Sicherheit und Gerechtigkeit bringt.

Zum Abschluß möchte ich etwas sagen, was ihr sicher auch von mir erwartet: nämlich, daß wir weiter auf Liebe und Gerechtigkeit vertrauen müssen. Ich trete weiter jedem Versuch entgegen, unsere Freiheit mit jenen Methoden der Bosheit, des Hasses und der Gewalt zu gewinnen, die für unsere Unterdrücker typisch sind. Haß ist für den Hassenden genauso schädlich wie für den Gehaßten. Wie unkontrollierbarer Krebs zerrüttet Haß die Persönlichkeit und zerstört ihre lebendige Einheit. Er hat keine Grenzen.

Erst gestern abend habe ich mit einigen der jungen Männer gesprochen, die die Olympischen Spiele boykottieren wollen. Nichts hat sie mehr verbittert als die Tatsache, daß sie, als sie in einer schwarzen Versammlung in Los Angeles ihren Entschluß mitteilen wollten, erleben mußten, wie einige Schwarze andere Schwarze schlugen und mit Mord bedrohten, nur weil sie einige unpopuläre Fragen stellen wollten. Als ich das hörte, sagte ich zu mir selbst: das zeigt deutlicher als alles andere: Haß hat keine Grenzen. Ich weigere mich zu hassen. Viele unserer inneren Konflikte haben ihre Wurzeln im Haß. Und deshalb sagen die Psychiater: Liebe oder stirb! Ich habe Haß auf zu vielen Gesichtern von Sheriffs in Alabama und Mississippi gesehen, als daß ich dem Neger raten könnte, auf diese erbärmliche Ebene herabzusinken. Haß ist eine zu große Last.

Natürlich könntet ihr sagen: »Das ist nicht praktisch. Im Leben kann keiner dem anderen etwas schenken, man muß zurückschlagen, jeder kämpft gegen jeden.« »In einem fernen Utopia vielleicht«, so könntet ihr sagen, »läßt sich dieses Ideal verwirklichen, aber nicht in der harten, kalten Welt, in der wir leben.« Ich kann darauf nur antworten, daß die Menschheit dem sogenannten praktischen Weg nun schon lange Zeit gefolgt ist, und das hat nur tiefer in Verwirrung und Chaos geführt. Die Zeit ist übersät mit den Wracks von Individuen und Gemeinschaften, die sich dem Haß und der Gewalt ausgeliefert haben. Ich bin sicher, viele von euch haben Frantz Fanons »Die Verdammten der Erde« gelesen. Gegen Ende des Buches sagt er: »So, Kameraden, laßt uns nicht Europa Tribut zahlen, ... indem wir Staaten, Institutionen und Gesellschaften bilden, die von Europa inspiriert sind. Die Menschheit wartet auf etwas anderes als eine solche Imitation, die sowieso nichts wäre als eine häßliche Karikatur. Wenn wir Afrika zu einem neuen Europa machen wollen ... und Amerika zu einem neuen Europa, dann überlaßt das Schicksal unserer Länder den Europäern. Sie werden das besser können als die Begabtesten unter uns. Aber wenn wir möchten, daß die Menschheit einen Schritt weiterkommt, wenn wir sie auf eine andere Stufe bringen wollen als die, die uns Europa gezeigt hat, dann müssen wir selber erfinderisch sein und Entdeckungen machen.« Und dann fährt er am Schluß des Buches fort: »Für Europa, für uns selber und für die Menschheit, Kameraden, müssen wir ein neues Blatt aufschlagen. Wir müssen neue Konzeptionen ausarbeiten und versuchen, einen neuen Menschen zu schaffen.«

Das sind mutige und herausfordernde Worte, und ich bin froh, daß junge schwarze Männer und Frauen sie zitieren. Aber das Problem besteht darin, daß Fanon und diejenigen, die ihn zitieren, neue Konzeptionen ausarbeiten und einen neuen Menschen schaffen wollen und dabei zugleich alte Gewaltkonzepte imitieren. Ist das nicht ein grundsätzlicher Widerspruch? Gewalt ist der untrennbare Zwilling des Materialismus gewesen, der Echtheitsstempel seiner Größe. Diesen Aspekt der modernen Zivilisation möchte ich auf keinen Fall imitieren. Die Menschheit wartet auf etwas anderes als eine blinde Nachahmung der Vergangenheit. Wenn wir wirklich einen Schritt weiter gelangen wollen, wenn wir eine neue Seite aufschlagen wollen und einen neuen Menschen wollen, dann müssen wir damit anfangen, die Menschheit aus der langen und trostlosen Nacht der Gewalt herauszubringen. Könnte es nicht sein, daß der neue Mensch, den die Welt braucht, der gewaltlose Mensch ist? Longfellow hat einmal gesagt: »In dieser Welt muß ein Mensch entweder ein Amboß oder ein Hammer sein.« Wir müssen die Hämmer sein, die eine neue Gesellschaft formen, nicht die Ambosse, die von der alten geformt sind. Dadurch werden wir nicht nur neue Menschen werden, sondern auch neue Macht erlangen. Es wird nicht die von Lord Acton propagierte Macht sein, die korrumpiert – die absolute Macht, die absolut korrumpiert. Es wird Macht sein, der Liebe eingeflößt ist, und Gerechtigkeit, die das dunkle »gestern« in ein helles »morgen« verwandelt.

Ich möchte jedem von euch sagen: Ich habe meine Entscheidung getroffen.

Dabei fällt mir, jetzt, zum Schluß, noch eine Geschichte ein: Vor vielen Jahrhunderten erließ König Nebukadnezar einen Befehl an alle Untergebenen. Der Befehl lautete, jeder solle sich beim Erklingen einer Trompete vor dem goldenen Bild verbeugen. Wer sich weigere, werde in einen Feuerofen geworfen. Drei junge Männer hörten den Befehl. Sie kannten die Verfügung, aber eine innere Stimme gab ihnen ein, den Befehl zu mißachten und zivilen Ungehorsam zu üben. Sie standen vor dem König und sagten: »Wir wissen, daß der Gott, dem wir dienen, uns befreien kann. Wenn aber nicht, dann werden wir uns trotzdem nicht verbeugen. Wir wissen, daß uns die Macht, die wir erfahren und in der Natur erlebt haben, befreien kann. Wir wissen, daß jene Kraft, die die Macht hat, riesige Berge entstehen zu lassen, die den Himmel küssen, als wollten sie ihre Gipfel im erhabenen Blau baden; die die Macht hat, den Himmel mit Sternen wie mit schaukelnden Lichtern der Ewigkeit zu zieren, auch die Macht hat, uns zu befreien. Wenn aber nicht, dann werden wir uns trotzdem nicht beugen.«

Sie wollten damit sagen: sie hatten etwas so Teures, so Wertvolles und so Großartiges entdeckt, daß sie darauf ihr Leben gründen wollten. Sie wollten tun, was ihr Gewissen als richtig empfand. Sie entdeckten, daß ein starker Glaube kein feilschender Glaube ist. Er ist nie ein Glaube, der sagt: »wenn ...« sondern: »dennoch«. Er sagt nicht: »Wenn du für mich dies tust, Gott, wenn du dies hier und jenes dort tust, dann will ich dir dienen,« sondern er sagt: »Und wenn er mich erschlagen wollte, ich werde ihm dennoch vertrauen.« Die großen Erfahrungen des Lebens sind nie »wenn«-Erfahrungen, sie ähneln nicht Erfahrungen bei Geschäften, sie sind »obwohl«-Erfahrungen. Die Ehe z. B. ist keine Geschäftserfahrung, sondern eine »obwohl«-Erfahrung.

Ich bin entschlossen, in bezug auf Gewaltlosigkeit bei meiner Einstellung zu bleiben. Ich werde lieben, weil es schön ist zu lieben. Ich werde gewaltlos sein, weil ich darin die Antwort auf die Probleme der Menschheit sehe. Ich werde nicht mit der Realität feilschen, sondern »dennoch« bei Gewaltlosigkeit bleiben. Deshalb möchte ich heute abend zum Schluß erwähnen, daß ich ein

Gelübde getan habe: Ich, Martin Luther King, nehme dich, Gewaltlosigkeit, als mein anvertrautes Weib ... im Guten wie im Bösen, in Reichtum wie in Armut – es geht dabei nicht um ein Geschäft – in Reichtum wie in Armut, in Krankheit und Gesundheit, bis daß der Tod uns scheidet.

Ich mache weiter mit diesem Glauben und mit dieser Bestimmtheit. Ich glaube, wenn wir zuversichtlich bleiben und unsere Aktionen verstärken, dann können wir nach Washington gehen und eine dynamische Bewegung in den Städten unseres Landes hervorrufen. Zu Tausenden werden wir uns auf den Weg machen, und viele werden fragen, woher wir kommen, und unsere einzige Antwort wird sein: aus großen Prüfungen und großer Trübsal. Einige von uns werden von Mississippi kommen, einige von Alabama, einige von Chicago, einige von Detroit, einige von Cleveland ... aber wir werden alle aus derselben Situation kommen. Wir werden eine Stadt suchen, deren Schöpfer und Erbauer Gott ist. Und wenn wir das tun, dann können wir unsere Nation völlig umkehren und zum Guten verändern; dann können wir vielleicht den Tag beschleunigen, an dem die Menschen überall ausrufen können, daß wir Gottes Kinder sind, in seinem Bild geschaffen. Das wird ein glorreicher Tag sein. Dann werden die Morgensterne miteinander singen und alle Kinder Gottes vor Freude jauchzen.

3. Gewaltlosigkeit in der Entscheidung[*]

Die Politik der Bundesregierung besteht darin, russisches Roulette mit den Unruhen zu spielen. Sie ist bereit, einen weiteren Sommer des Unheils zu riskieren. Obwohl es in zwei Sommern nacheinander zu Gewaltausbrüchen kam, ist nicht eine einzige Ursache der Unruhen beseitigt worden. Das Elend, das die Flammen der Wut und Rebellion schürte, bleibt unvermindert. Trotz Arbeitslosigkeit, unerträglicher Wohnverhältnisse und Rassendiskriminierung im Erziehungsbereich – den Plagen der Gettos – pfuschen der Kongress und die Administration immer noch mit unbedeutenden, halbherzigen Maßnahmen herum.

Dagegen gab es noch vor wenigen Jahren deutliche, wenn auch begrenzte Fortschritte durch Gewaltlosigkeit. Jahr für Jahr bildete sich ein gesundes, kräftiges Selbstbewußtsein bei den Negern. Wir kommen jedoch nicht um die Feststellung herum, daß die Taktik der Gewaltlosigkeit, die damals das Denken der Bürgerrechtsbewegung beherrschte, in den letzten Jahren nicht mehr ihre verändernde Rolle gespielt hat. Gewaltlosigkeit war eine schöpferische Lehre im Süden, weil sie die fanatischen Anhänger der Rassentrennung schachmatt setzte, die nach einer Gelegenheit dürsteten, die Neger physisch zu vernichten. Gewaltlose direkte Aktion befähigte die Neger zu aktivem Protest in den Straßen, und sie blockierte die Gewehre des Unterdrückers, weil selbst er nicht am hellichten Tage unbewaffnete Männer, Frauen und Kinder niederschießen konnte. Aus diesem Grund gab es geringere Verluste an Menschenleben in zehn Jahren des Protestes im Süden als während eines zehntägigen Aufstandes im Norden.

Heute herrschen im Norden die Bedingungen, die wir im Süden antrafen. Polizei, Nationalgarden und andere bewaffnete Verbände bereiten sich fieberhaft auf Unterdrückungsmaßnahmen vor. Ihnen kann nicht Einhalt geboten werden durch unorganisierte

---

[*] Zeitschriftenartikel für das »LOOK Magazine«, geschrieben im Frühjahr 1968 zur Ankündigung der »Kampagne der Armen«.

Gewaltakte verzweifelter Neger, sondern nur durch eine massive Welle militanter Gewaltlosigkeit. Im Norden hatte Gewaltlosigkeit noch nie so große Bedeutung als wirkungsvolle Taktik wie jetzt. Sie könnte das Instrument zur Rettung unserer Nation sein.

Ich teile die Meinung der vom Präsidenten eingesetzten »Kommission zur Untersuchung von Bürgerunruhen«, daß sich unsere Nation in zwei feindliche Gesellschaften spaltet und daß das entscheidende destruktive Element dabei der weiße Rassismus ist. Es bedarf vor allem effektiver Maßnahmen, die den Kongreß zu resolutem Handeln zwingen; aber diese Maßnahmen dürfen keine Gewaltanwendung einschließen. Für uns in der SCLC ist Gewaltanwendung nicht nur moralisch unerträglich, sondern auch in pragmatischer Hinsicht unklug. Wir meinen, es gibt eine Alternative sowohl zur Gewalt wie auch zu nutzlosen ängstlichen Bitten um Gerechtigkeit. Wir können weder Unruhen noch das gleichwertige Übel: Passivität dulden. Und wir wissen, daß militante gewaltlose Aktionen in Selma und Birmingham das Gewissen des weißen Amerika wachrüttelten und einen im Sterben liegenden, unempfindlichen Kongreß zum Leben brachten.

Die Zeit ist da für eine Rückkehr zu gewaltlosem Protest auf Massenbasis. Entsprechend planen wir für das Frühjahr und den Sommer dieses Jahres eine Serie solcher Demonstrationen, ausgehend von Washington, D. C. Schwarze und Weiße werden an ihnen teilnehmen, und sie sollen den Armen beider Rassen zugutekommen.

Wir werden die Regierung auffordern, die Maßnahmen zu ergreifen, die von ihrer eigenen Kommission empfohlen wurden. Um – in den Worten der Kommission – die Tragödie einer »fortgesetzten Polarisierung der amerikanischen Gesellschaft und letztlich der Zerstörung grundlegender demokratischer Werte« zu vermeiden, ist »nationale Aktion« notwendig, eine Aktion, die »humanitär, massiv und langfristig ist und mit den Mitteln der mächtigsten und reichsten Nation der Erde finanziert wird.«

Die von uns geplanten Aktionen sind für mich von großer Bedeutung. Ich möchte deshalb ausführlich darlegen, was wir tun werden, was wir versuchen werden und woran wir glauben. Mein Mitarbeiterstab und ich haben drei Monate an der Planung gearbeitet. Wir glauben: Wenn diese Kampagne Erfolg hat, dann wird Gewaltlosigkeit wieder das vorherrschende Instrument für sozialen Wandel sein, und die gequälten Armen werden Arbeitsstellen und Einkommen erhalten. Wenn die Kampagne ein Fehlschlag wird, dann wird Gewaltlosigkeit diskreditiert sein und das Land möglicherweise in die Vernichtung gestürzt werden – eine Tragödie, die noch größer wird angesichts der Erkenntnis, daß sie vermeidbar war.

Wir schreiten zur Aktion nach nüchternen Überlegungen. Wir haben aus bitterer Erfahrung gelernt, daß unsere Regierung kein Rassenproblem zu lösen versucht, bevor sie nicht direkt und dramatisch damit konfrontiert wird. Wir wissen auch – das offizielle Washington vielleicht noch nicht –, daß der Explosionspunkt der Negerwut bald erreicht ist.

Unsere Demonstration in Washington wird etwa so lange dauern wie die in Birmingham und Selma. Der Protest wird mehr als ein Ein-Tages-Protest sein – er kann zwei oder drei Monate dauern. Während der ersten Aktionen in Alabama setzten wir überhaupt keine zeitlichen Grenzen. Wir erklärten schlicht, wir würden dort kämpfen, bis wir von der Nation eine Antwort auf die anstehenden Fragen erhalten würden. Wir erklären jetzt dasselbe in bezug auf Washington. Wir werden versuchen, eine Bewegung wie in Birmingham und Selma zu schaffen, wobei es vor allem um wirtschaftliche Probleme geht. Genauso wie wir das soziale Problem der Rassentrennung und das politische Problem der Verweigerung des Stimmrechts mit massiven Demonstrationen angingen, genauso versuchen wir die wirtschaftlichen Probleme – das Recht zu leben, Arbeit und Einkommen zu haben – mit massivem Protest anzugehen. Es wird eine Bewegung wie in Selma sein, die sich auf wirtschaftliche Probleme konzentriert.

Wir können uns erinnern, wie ein gewaltiger Chor uns zu entmutigen suchte, als wir mit direkten Aktionen in Birmingham und Selma begannen. Aber heute begrüßen alle mit Stolz die Errungenschaften in jenen Städten und die Reformen, die daraus hervorgingen.

Wir haben fünfzehn Gebiete – zehn Städte und zehn ländliche Bezirke – ausgesucht, aus denen wir den ersten Kader rekrutiert haben. Zu diesem Kader gehören ca. zweihundert Arme aus jedem der fünfzehn Gebiete. Das sind etwa dreitausend Menschen, die mit den Protesten beginnen und den weiteren Rahmen abstecken. Sie sind wichtig, vor allem in bezug auf die Einhaltung der Gewaltlosigkeit. Sie werden zur Zeit in dieser Disziplin ausgebildet.

In den Gebieten, wo wir Demonstranten rekrutieren, regen wir auch weitere Aktivitäten im Zusammenhang mit der Protestaktion in Washington an. Wir wollen einige von diesen Leuten nach Washington marschieren lassen. So könnte zum Beispiel die eine Hälfte der Gruppe aus Mississippi in Washington mit den Protestdemonstrationen beginnen, während die andere Hälfte zu Fuß nach Washington marschieren würde. Sie würde den Süden durchqueren und sich den Gruppen aus Alabama und Georgia anschließen und dann durch Süd- und Nord-Carolina und Virginia direkt nach Norden marschieren. Wir hoffen, daß der akustische und optische Eindruck einer wachsenden Menge von Armen, die langsam nach Washington marschieren, eine positive und dramatische Wirkung im Kongreß hinterläßt.

Sobald die Demonstrationen beginnen, wird es unserer Meinung nach im ganzen Land zu spontanen Unterstützungsaktionen kommen. Im allgemeinen war es so bei derartigen Kampagnen, und ich meine, es wird auch diesmal so sein. Ich glaube, die Menschen werden in Bewegung geraten. Kalifornien und andere Gebiete im Westen haben wir wegen der Entfernung und der Transportprobleme nicht gewählt. Aber spontane Demonstrationen an der Westküste sind in unserer Strategie durchaus einkalkuliert.

Eine gewaltlose Bewegung, die sich über das ganze Land erstreckt, ist äußerst wichtig. Wir wissen aus der Vergangenheit, daß der Kongreß und der Präsident nichts tun, bis man eine Bewegung schafft, durch die Menschen guten Willens beide unter Druck setzen, d. h. die Koalition im Kongreß brechen. Der Kongreß ist noch immer von der Koalition (aus konservativen Republikanern und Südstaaten-Demokraten – der Übers.) und den Abgeordneten aus den ländlichen Bezirken vor allem des Südens beherrscht. Südstaatler haben den Vorsitz in vielen Komitees, und sie werden dem Fortschritt solange wie möglich im Wege stehen. Es gibt genug Republikaner des rechten Flügels aus dem Mittelwesten und dem Norden, die gemeinsame Sache mit ihnen machen.

Deshalb muß die Bewegung so mächtig, dynamisch und moralisch anziehend werden, daß alle Menschen guten Willens, Leute aus den Kirchen und Gewerkschaften, liberale Intellektuelle, Studenten und die Armen selbst damit beginnen, Druck auf den Kongreß auszuüben, bis er sich unseren Forderungen nicht länger entziehen kann.

Es ist unsere Absicht, die wirtschaftliche Situation der Armen zu dramatisieren. Wir meinen, wir müssen einiges unternehmen, um an den Kongreß selbst zu appellieren. Die ersten Demonstrationen werden mehr pädagogische Ziele haben: Sie sollen die Nation über das Problem und seine wichtigsten Aspekte, über die tragischen Lebensbedingungen in den Gettos, unterrichten.

Danach werden wir weitere Maßnahmen ergreifen, falls wir keine Antwort vom Kongreß erhalten. Um ehrlich zu sein: wir glauben nicht an irgendwelche Sofortmaßnahmen des Kongresses, da wir seine Widerspenstigkeit in dieser Sache kennen und wissen, daß so viele Mittel und Energien eher in Vietnam als für Probleme im eigenen Land verwendet werden. Wir haben nicht die Illusion, den Kongreß in zwei oder drei Wochen in Bewegung zu bringen. Aber wir meinen, echte erzieherische Arbeit zu leisten, wenn wir in Washington beginnen und uns auf den Kongreß und die Regierungs-Departments konzentrieren.

Wir nennen unsere Demonstration eine Kampagne für Arbeitsstellen und Einkommen, weil wir meinen, daß die wirtschaftliche Situation das zentrale Problem der Schwarzen und der Armen überhaupt ist. Es herrscht eine regelrechte wirtschaftliche Depression unter den Schwarzen. Wenn massenhafte Arbeitslosigkeit unter den Schwarzen existiert, nennt man es ein soziales Problem; wenn massenhafte Arbeitslosigkeit unter den Weißen existiert, nennt man es eine wirtschaftliche Depression. Tatsächlich besteht eine wirtschaftliche Depression größeren Ausmaßes unter den Schwarzen. Die Arbeitslosenrate ist extrem hoch. Unter jugendlichen Negern beträgt sie in einigen Städten bis zu 40 %.

Wir brauchen eine »wirtschaftliche Freiheitsurkunde« (Economic Bill of Rights). Sie würde allen, die arbeiten wollen und können, eine Arbeitsstelle garantieren. Sie würde auch all denen, die nicht arbeiten können, ein Einkommen garantieren. Einige sind zu jung, einige zu alt, einige arbeitsunfähig, und doch benötigen sie ein Einkommen, um zu leben. Das würde bedeuten, daß die öffentliche Hand Arbeitsplätze schafft – was in wenigen Wochen durchführbar wäre. Ein echtes Arbeitsbeschaffungsprogramm könnte Gettounruhen in diesem Sommer zahlenmäßig verringern – ich sage nicht: völlig verhindern.

Unsere ganze Kampagne wird sich deshalb auf das Problem der Arbeitsplätze konzentrieren. Andere Forderungen, wie die nach besseren Wohnungen, sind damit eng verbunden. Wir sind der Meinung, daß viel mehr Wohnungen für Leute mit niedrigem Einkommen gebaut werden müssen. Im Ausbildungsbereich sind die Gettoschulen qualitativ schlecht, und wir meinen, daß ein

Programm entwickelt werden müßte, wonach wenigstens 1000 Dollar pro Schüler ausgegeben werden. Oft sind die Schüler so weit zurück, daß sie besondere Aufmerksamkeit benötigen, das heißt die qualitativ beste Erziehung.

Diese Probleme werden natürlich überschattet vom Krieg in Vietnam. Wir wollen uns auf die Probleme im Inneren konzentrieren, doch können wir nicht umhin, die tragische Verwechslung der Prioritäten aufzudecken. Wir geben viel Geld für Tod und Zerstörung aus und nicht annähernd genug Geld für Leben und konstruktive Entwicklungen. Unvermeidlich wird das Problem des Krieges in dieser Kampagne zur Sprache kommen. Wir hören all das Gerede über unsere Fähigkeit, uns Kanonen und Butter gleichzeitig zu leisten, aber wir sind zu der Einsicht gekommen, daß das ein Mythos ist, daß die sozialen Bedürfnisse unvermeidlich vernachlässigt werden, wenn eine Nation in einen Krieg wie diesen verwickelt wird, wenn die Kanonen des Krieges zur nationalen Wahnidee werden. Wir hoffen, daß ein Ergebnis unseres Versuches, dies zu dramatisieren und Tausende und Abertausende in dieser Frage zu mobilisieren, dies ist: daß unsere Regierung sich gezwungen sieht, ihre Politik im Ausland neu zu beurteilen und sich der Situation im eigenen Land zuzuwenden.

Das amerikanische Volk ist einfühlsamer als der Kongreß. Nach einer Louis-Harris-Meinungsumfrage sind 56 % der Bevölkerung der Meinung, daß ein Programm geschaffen werden sollte, das allen Arbeitswilligen Arbeit verschafft. Es gab die »Arbeitsbeschaffungsbehörde« (WPA), als die Nation kurz vor dem Bankrott stand. Wir sollten in der Lage sein, etwas zu tun, jetzt wo wir krank vor Reichtum sind. Jene Umfrage ergab auch, daß 75 % der Meinung waren, die Slums sollten niedergerissen und die Wohnviertel von ihren Bewohnern wiederaufgebaut werden. Das wäre ein weitreichendes Arbeitsbeschaffungsprogramm.

Wir müssen Druck auf den Kongreß ausüben, damit etwas geschieht. Wir werden dem ersten Zusatz zur Verfassung entsprechend handeln. Wenn der Kongreß keine Antwort gibt, müssen wir unsere Aktionen eskalieren, um unsere Sache vor seinen Augen lebendig zu halten. Solche Aktionen werden vielleicht zu Störungen führen, aber sie werden nicht gewaltsam im Sinne einer Zerstörung von Eigentum sein: es wird sich um militante Gewaltlosigkeit handeln.

Wir sind der festen Überzeugung, daß Unruhen einerseits die Ängste der weißen Majorität vergrößern und andrerseits ihre

Schuldgefühle abbauen und so den Weg zu stärkerer Unterdrükkung freimachen. Wir haben keine Änderungen in Watts wahrgenommen, es hat kein struktureller Wandel als Folge der Unruhen stattgefunden. Wir versuchen, eine Alternative zu finden, die die Menschen zwingt, die Probleme in Angriff zu nehmen, ohne Leben und Eigentum zu zerstören. Wir wollen in Washington eine Stadt aus Holzhütten errichten, ähnlich wie bei den Bonus-Märschen in den 30er Jahren, um dramatisch hervorzuheben, wie viele Menschen bei uns in Slums leben müssen. Aber grundsätzlich wird es wie bei unseren anderen gewaltlosen Demonstrationen sein: Wir werden keine Gewalt dulden. Und wir geben unmißverständlich zu verstehen, daß Demonstranten, die nicht gewaltlos sein wollen, nicht teilnehmen sollen. In den vergangenen sechs Wochen haben wir mit denen, die nach Washington fahren, workshops über Gewaltlosigkeit durchgeführt. Weitere werden im Frühjahr folgen. Diese Leute werden den Kern der Demonstrationen bilden und später Ordner bei den Protestmärschen sein. Im Anfangsstadium werden sie selber mitmarschieren, doch nach zwei oder drei Wochen, wenn wir größere Teilnehmerzahlen erreichen, werden sie die Ordner sein, die in allen Demonstrationen für Disziplin und Kontrolle sorgen.

Wir planen einen Marsch für diejenigen, die nur ein oder zwei Tage in Washington verbringen können, und das wird etwa auf dem Höhepunkt der Kampagne sein. Ich hoffe, daß zu jenem Zeitpunkt sich wieder weiße Bürger in die Bewegung einreihen. Demonstrationen haben der Bewegung als einigende Kraft gedient. Sie haben Schwarze und Weiße in ganz praktischen Situationen zusammengebracht, während sie sich theoretisch vielleicht über Black Power gestritten hätten. Es ist seltsam, wie Demonstrationen zur Lösung von Problemen beitragen. Zum anderen ist wenig bekannt, daß die Kriminalität fast in jeder Gemeinde zurückgeht, wo Demonstrationen stattfinden. In Montgomery, wo ein Busboykott durchgeführt wurde, ging die Kriminalität unter den Schwarzen für ein ganzes Jahr um 65 % zurück. Bei jeder Demonstration fanden Menschen einen Weg, sich ihres Selbstlasses zu entledigen. Sie hatten am Instrument, ihre Sehnsüchte auszudrücken und einen Weg, gewaltlos zu kämpfen, d. h. an die Machtstruktur heranzukommen, zu wissen, daß man wirklich etwas tut, ohne daß man gewalttätig sein muß.

Wir brauchen diese Bewegung. Wir brauchen sie, damit eine neue Art von Zusammengehörigkeitsgefühl zwischen Schwarzen und

Weißen entsteht. Wir brauchen sie, um Verbündete zu gewinnen und eine »Koalition des Gewissens« zusammenzubringen.

Auch viele Weiße haben in bezug auf die Rassenintegration aufgegeben. Es gibt viele Verteidiger »weißer Macht«. Und ich habe herausgefunden, daß viele Menschen dann, wenn nichts geschieht, tatsächlich dazu neigen, zu verzweifeln und sich in Debatten zu engagieren. Aber wenn Aktionen stattfinden, wenn es Demonstrationen gibt, dann haben diese die Qualität, eine Einheit herzustellen, die man zu anderen Zeiten nicht erreicht.

Ich meine, wir sind an einen Punkt gekommen, wo es keine Wahl mehr gibt zwischen Gewaltlosigkeit und Aufständen. Es gibt nur ein Entweder-oder: entweder militante, massive Gewaltlosigkeit oder Aufstände. Die Unzufriedenheit ist so groß, die Wut so tief verwurzelt, die Verzweiflung und Ruhelosigkeit so weitreichend, daß ein Kanal geschaffen werden muß, durch den diese starken Emotionen, diese tiefsitzenden Wutgefühle geleitet werden können. Es muß ein Ventil geben, und ich sehe in dieser Kampagne einen Weg, die sich bildende Wut in den Gettos in ein konstruktives und schöpferisches Instrument zu verwandeln. Sie kann ein Ventil für die angestaute Wut werden.

Selbst wenn ich mich nicht mit den moralischen Dimensionen des Problems: Gewalt gegen Gewaltlosigkeit beschäftigen würde – auch von einem praktischen Gesichtspunkt aus vermag ich nicht zu sehen, daß Aufstände etwas ausrichten. Aber ich bin überzeugt: Wenn die Unruhen andauern, wird das den rechten Flügel in diesem Land stärken, und wir werden bei einer Machtübernahme durch Rechtsextremisten in den Städten und einer faschistischen Entwicklung enden, die der ganzen Nation furchtbar schaden wird. Ich glaube nicht, daß Amerika noch einen Sommer mit Unruhen wie in Detroit ertragen kann, ohne daß es zu einer Entwicklung kommt, die die Seele und sogar die demokratischen Möglichkeiten der Nation zerstören könnte.

Ich fühle mich der Gewaltlosigkeit absolut verpflichtet. Ich weigere mich einfach, jemand zu töten, sei es in Vietnam oder hier. Ich werde kein Gebäude niederbrennen. Wenn gewaltloser Protest in diesem Sommer nichts erreicht – ich werde dennoch Gewaltlosigkeit predigen und lehren, und wir in der SCLC werden es weiter tun. Ich will mich weiter an die Gewaltlosigkeit halten, weil ich in ihr eine Lebensphilosophie gefunden habe, die nicht nur mein Verhalten im Rassenkampf um Gerechtigkeit, sondern auch meinen Umgang mit anderen Menschen und mir selbst reguliert.

Ich werde der Gewaltlosigkeit weiter treu bleiben.

Aber ich bin ehrlich genug zuzugeben, daß sich einige, wenn unsere gewaltlose Kampagne nicht wenigstens etwas Fortschritt bringt, mehr als bisher an gewaltsamen Aktionen beteiligen werden, und die Möglichkeit eines Guerilla-Krieges wird in breiteren Kreisen diskutiert werden.

In jedem Fall werden wir nicht diejenigen sein, die versagt haben. Die Probleme der Armen werden wir der Regierung der reichsten Nation in der Menschheitsgeschichte direkt vor die Füße legen. Wenn jene Macht ihre Schuld gegenüber den Armen leugnet, dann hat sie ihr Versprechen nicht eingelöst, »Leben, Freiheit und den Anspruch auf Glück« für ihre Bürger zu sichern. Wenn diese Gesellschaft versagt, dann werden wir, so fürchte ich, sehr bald lernen, daß Rassismus eine Krankheit zum Tode ist.

Wir begrüßen Hilfe von allen Bürgerrechtsorganisationen. Es muß unterschiedliche Zugänge zu den Problemen geben. Ich meine, sowohl die NAACP wie die Urban League spielen eine bedeutende Rolle. Ich bin auch der Überzeugung, daß CORE und SNCC eine sehr bedeutende Rolle gespielt haben. Die jüngsten Erklärungen von SNCC halte ich für sehr unglücklich. Wir haben das Ziel der Integration nicht aufgegeben. Wir glauben immer noch an: »schwarz und weiß zusammen«. Einige der Black-Power-Gruppen haben zeitweilig das Ziel der Integration aufgegeben. Wir nicht. So sind wir vielleicht die Brücke in der Mitte, die nach beiden Seiten reicht und sie verbindet.

Es ist eine Tatsache, daß wir noch keinen Aufstand in den USA gehabt haben, denn ein Aufstand ist eine geplante, organisierte und gewaltsame Rebellion. Wir hatten so etwas wie eine spontane Explosion der Wut. Tatsächlich wollen Menschen, die an Unruhen teilnehmen, diese Unruhen gar nicht. Kürzlich wurde von einigen Professoren der Wayne-State-University eine Untersuchung durchgeführt. Sie interviewten mehrere Hundert Menschen, die während des letzten Sommers an den Unruhen in Detroit teilgenommen hatten. Die Majorität dieser Leute erklärte, sie halte meinen Lösungsweg für das Problem, nämlich Gewaltlosigkeit, für den besten und effektivsten.

Ich glaube nicht, daß es eine massive Hinwendung zur Gewalt gegeben hat. Selbst die Unruhen enthielten ein Element der Gewaltlosigkeit gegenüber Personen. Von einer einzigen Ausnahme abgesehen haben die Neger keine weißen Bürger getötet – dabei könnten sie, wenn sie wollten, Hunderte töten. Das wäre Aufstand. Aber es ist erstaunlich, daß die Neger ihre Wut an Eigentum, nicht an Personen ausgelassen haben, selbst in der emotionalen Verwirrung der Unruhen.

Aber ich bin überzeugt, daß aus dem Gerede von Guerillakrieg immer mehr Wirklichkeit werden wird, wenn nicht etwas getan wird, um die quälenden und wirklich spürbaren Gettoprobleme anzugehen. Die Nation hat noch nicht deren Ernst erkannt. Der Kongreß ist zu keiner Aktion bereit, und dieser Tatsache versuchen wir uns in diesem Frühjahr zu stellen. So sehr ich mich auch der Gewaltlosigkeit verpflichtet fühle, ich muß folgender Tatsache ins Auge sehen: wenn wir keine positive Antwort in Washington bekommen, dann wird eine größere Zahl von Negern in Gewaltkategorien zu denken und zu handeln beginnen.

Stattdessen hoffe ich, daß das Ergebnis der gewaltlosen Demonstrationen eine »wirtschaftliche Freiheitsurkunde für die Benachteiligten« sein wird, für die etwa zehn bis zwölf Milliarden Dollar benötigt werden. Ich hoffe, daß eine bestimmte Anzahl von Arbeitsstellen geschaffen wird, daß ein Programm zur Beseitigung der Arbeitslosigkeit entsteht und daß es ein weiteres Programm geben wird, mit dessen Hilfe die Einkommen derjenigen verbessert werden, deren Einkommen unterhalb der Armutsgrenze liegt.

Es mag durchaus sein, daß alles, was wir in Washington erreichen, darin besteht, den Kongreß daran zu hindern, sich noch schäbiger zu verhalten. Das Problem besteht darin, ihn zu hindern, sich gleichsam rückwärts zu bewegen. Wir begannen mit einem Gesetz zur Bekämpfung der Armut, das Ausgaben in Höhe von 2,4 Milliarden Dollar vorsah, und jetzt ist dieser Betrag auf 1,8 Milliarden Dollar zurückgegangen. Unser Wohlfahrtsprogramm ist menschlich erniedrigend – und dann ergänzt der Kongreß das Gesetz über soziale Sicherheit so, daß buchstäblich Tausende von Kindern von jeder Fürsorgeunterstützung ausgeschlossen sind! Die Gelder für Modellstädte sind gekürzt worden. Das ausgezeichnete Mietbeihilfeprogramm für die Armen ist praktisch gestrichen worden. Es könnte sein, daß wir aufgrund der Demonstrationen wenigstens einiges von dem halten können, was wir haben.

Es gibt im Alten Testament eine Prophezeiung, wonach »die Sünden der Väter heimgesucht werden an der dritten und vierten Generation«. Nichts könnte auf unsere Situation eher zutreffen. Amerika bringt die Ernte des Hasses und der Schande ein, ge-

pflanzt in den Generationen, in denen seine schwarze Bevölkerung bildungsmäßig benachteiligt, politisch entmachtet und wirt-
schaftlich ausgebeutet wurde. Jetzt, fast hundert Jahre nach der
Abschaffung der Sklaverei, sehen wir, wie das Erbe der Unterdrückung und des Rassismus in unseren Städten zum Ausbruch
kommt und vulkanische Lava der Verbitterung und Enttäuschung
sich in die Straßen ergießt.

Die schwarzen Amerikaner sind geduldig gewesen; und vielleicht
wären sie weiter geduldig, wenn sie nur ein bißchen Hoffnung
hätten. Aber überall »läuft die Zeit ab«, wie es in einem unserer
Spirituals heißt, »Verderbnis beherrscht das Land. Leute entscheidet euch! Die Zeit läuft ab!« Trotz jahrelangen nationalen Fortschritts nimmt das Elend der Armen zu. Die Zahl der Arbeitsstellen verringert sich infolge technologischen Wandels. Die Schulen
im Norden wie im Süden erweisen sich in zunehmendem Maße
als ungeeignet für die Aufgabe, eine angemessene Erziehung und
damit den Eintritt in den Hauptstrom der Gesellschaft zu ermög-
lichen. Ärztliche Versorgung zählt im Grunde nicht zu den Möglichkeiten der schwarzen und weißen Armen. Sie wissen von den
großen Erfolgen der medizinischen Wissenschaft – Herzverpflan-
zungen, Wunderdrogen –, aber ihre Kinder sterben immer noch
an vermeidbaren Krankheiten und leiden sogar an Gehirnschä-
den, verursacht durch Proteinmangel.

In Mississippi verhungern tatsächlich Kinder, während Großgrundbesitzer ihr Land brachliegen lassen und Millionen Dollar
jährlich dafür erhalten, daß sie keine Feldfrüchte und keine
Baumwolle anpflanzen. Keine Vorsorge ist getroffen für das Leben bzw. Überleben der Hunderttausende von Baumwollpflük-
kern, die jetzt keine Arbeit und keine Lebensmittel haben. Vom
Land verjagt, werden sie in Zeltstädte und Gettos im Norden ge-
trieben; denn unser Kongreß ist fest entschlossen, die »Initiative
der Armen nicht durch Wohlfahrtsalmosen zu ersticken« – obwohl sie doch nach Arbeitsstellen schreien! Almosen für die Reichen erhalten kultivierte Namen wie: »Ausgleichsausgaben«,
»Subventionen« und »Investitionsanreize für die Industrie«.

Das weiße Amerika hat sich Gleichgültigkeit gegenüber Rassismus und wirtschaftlicher Benachteiligung erlaubt. Es hat diese
Phänomene als oberflächliche Mängel behandelt, aber nun er-
wacht es und erkennt die schreckliche Realität einer möglicherweise tödlichen Krankheit. Die Unruhen in den Städten sind eine
»Feuerglocke in der Nacht«, ein lauter, warnender Hinweis dar-

auf, daß die Nahtstellen unserer gesamten sozialen Ordnung unter den Belastungen der Nachlässigkeit geschwächt werden.

Die Menschen in Amerika sind vom Rassismus angesteckt – das ist die Gefahr. Paradoxerweise sind sie aber auch von den demokratischen Idealen angesteckt – das ist die Hoffnung. Während sie Falsches tun, haben sie dennoch das Potential, das Richtige zu tun. Aber sie haben keine tausend Jahre, um Änderungen durchzuführen. Auch haben sie nicht mehr die Wahl, den alten Weg fortzusetzen. Die Zukunft, die sie einleiten sollen, ist nicht so düster, daß die Übel gerechtfertigt sind, die jetzt die Nation bedrängen. Die Armut zu beenden, Vorurteile auszurotten, ein gequältes Gewissen zu befreien, ein »morgen« der Gerechtigkeit, des Fair Play und der Kreativität herbeizuführen – all das ist des amerikanischen Ideals würdig.

Wir haben in massiven gewaltlosen Aktionen die Möglichkeit, ein nationales Unglück zu vermeiden und einen neuen Geist der Harmonie zwischen den Klassen und Rassen zu schaffen. Wir könnten ein weiteres glänzendes Kapitel der moralischen Geschichte Amerikas schreiben. Wir alle stehen in dieser schweren Stunde vor Gericht, aber noch erlaubt uns die Zeit, der Zukunft mit reinem Gewissen zu begegnen.

4. Vietnam und der Kampf für die Menschenrechte[*]

Ich bin heute abend in diese wunderschöne Kirche gekommen, weil mein Gewissen mir keine andere Wahl läßt. Ich bin zu Ihnen in diese Versammlung gekommen, weil ich mich in tiefster Übereinstimmung mit den Zielen und der Arbeit der Organisation »Geistliche und Laien in Sorge um Vietnam« weiß, die uns hier zusammengebracht hat. Die vor kurzem veröffentlichte Erklärung Ihres Leitungsausschusses gibt die Empfindungen meines eigenen Herzens wieder, und ich konnte voll und ganz zustimmen, als ich die Worte las, mit denen die Erklärung beginnt: »Es kann eine Zeit kommen, in der Schweigen Verrat bedeutet. Diese Zeit ist für uns mit der Vietnam-Frage gekommen.« ...

... Einige von uns, die schon begonnen haben, das Schweigen der Nacht zu durchbrechen, mußten feststellen, daß die Verpflichtung zum Sprechen oft sehr qualvoll ist – doch sprechen müssen wir. Wir müssen sprechen in all der Demut, die unserer begrenzten Erkenntnis entspricht, aber wir müssen sprechen. Und wir müssen zugleich darüber froh sein, denn sicherlich geschieht es jetzt zum erstenmal in der Geschichte unserer Nation, daß eine beachtliche Anzahl ihrer religiösen Führer sich entschlossen hat, die Sprache eines sanften Patriotismus zu überwinden und ihren ernsten Einspruch zu formulieren, der sich auf die Gebote des Gewissens und die Erkenntnis der Geschichte gründet.

Während der letzten zwei Jahre, in denen ich versucht habe, den Verrat meines eigenen Schweigens zu durchbrechen und von dem zu sprechen, was in meinem Herzen brennt, indem ich zu einer radikalen Abkehr von der Zerstörung Vietnams aufrief, haben mich viele Menschen gefragt, ob mein Weg wohl weise sei. Hinter ihren Bedenken zeichnete sich oft unüberhörbar und gewichtig die Frage ab: Warum sprechen gerade Sie, Dr. King, über den Krieg? Warum gesellen gerade Sie sich zu den Stimmen der Opposition? Die Frage des Friedens und die Frage der Bürgerrechte

---

[*] Ansprache in der Riverside Church in New York City am 4. April 1967.

sind verschiedene Dinge, sagen diese Leute. Sie fragen: Schaden Sie nicht Ihrer eigenen Sache? Und wenn ich sie so reden höre, verstehe ich oft genug den Anlaß ihrer Sorge, werde dann aber doch traurig, denn solche Fragen zeigen, daß die Fragesteller mich und meine Verpflichtung gar nicht wirklich kennen. Ja, ihre Fragen zeigen, daß sie die Welt, in der sie leben, noch gar nicht erkannt haben.

Im Licht solch tragischen Mißverstehens halte ich es für sehr wichtig, ganz klar und, wie ich hoffe, verständlich darzulegen, warum ich glaube, daß der Weg von der Dexter Avenue Baptist Church, der Kirche in Montgomery, Alabama, in der ich meinen Dienst als Pfarrer begann, eindeutig in diese Kirche am heutigen Abend führt.

Ich bin heute abend hierhergekommen, um eine leidenschaftliche Bitte an meine geliebte Nation zu richten. Diese Ansprache wendet sich also nicht an Hanoi oder an die Nationale Befreiungsfront, auch nicht an China oder Rußland.

Sie stellt auch keinen Versuch dar, die Zweideutigkeit der Gesamtsituation und die Notwendigkeit einer gemeinsamen Lösung im Hinblick auf die Tragödie Vietnams zu übersehen. Erst recht stellt sie keinen Versuch dar, aus Nordvietnam und der Nationalen Befreiungsfront Tugendbeispiele zu machen. Die Rolle, die beide bei einer erfolgreichen Lösung des Problems spielen können, soll ebenfalls nicht übersehen werden. Wenn sie auch beide gewichtige Gründe haben mögen, den guten Absichten der USA zu mißtrauen, so liefert doch die Geschichte ein beredtes Zeugnis dafür, daß Konflikte ohne vertrauensvolle gegenseitige Zugeständnisse nicht gelöst werden können.

Heute abend jedoch möchte ich nicht zu Hanoi und der Nationalen Befreiungsfront sprechen, sondern zu meinen amerikanischen Mitbürgern, die – wie auch ich – eine besonders große Verantwortung für die Beendigung eines Konflikts haben, der in beiden Kontinenten schon einen hohen Preis gefordert hat.

Da ich von Beruf ein Prediger bin, wird es nicht überraschen, daß es für mich mehrere Gründe gibt, die Vietnam als Teil meiner moralischen Vision der Weltgesellschaft erscheinen lassen. Es gibt zunächst eine ganz eindeutige und leicht zu erkennende Verbindung zwischen dem Krieg in Vietnam und dem Kampf, den ich und andere hier in Amerika führen. Vor einigen Jahren gab es einen glanzvollen Augenblick in diesem Kampf. Es sah so aus, als ob mit dem Anti-Poverty-Programm für die Armen, die Schwarzen wie die Weißen, das Versprechen einer echten Hoffnung gegeben war. Es gab Versuche, Hoffnungen, neue Anfänge. Dann kam der Ausbau des Kampfes in Vietnam, und ich sah, wie die Pläne zerbrachen und verächtlich gemacht wurden, zur Bedeutungslosigkeit verdammt wurden, als ob sie nur das politische Spielzeug einer durch den Krieg verrückt gewordenen Gesellschaft seien, und da wußte ich, daß Amerika niemals die notwendigen Mittel und Kräfte zur Einbürgerung seiner armen Bürger aufbringen würde, solange Abenteuer, wie das vietnamesische, weiterhin Menschen, Fähigkeiten und Geld wie ein zerstörerisch dämonisches Saugrohr an sich ziehen. So wurde ich mehr und mehr gezwungen, den Krieg als den Feind der Armen anzusehen und diesen Feind zu bekämpfen.

Meine Erschütterung durch die Erkenntnis der Wirklichkeit wuchs, als ich sah, daß der Krieg viel mehr tat, als nur die Hoffnungen der Armen im eigenen Land zu zerstören. Er schickte ihre Söhne und ihre Brüder und ihre Ehemänner zum Kämpfen und zum Sterben, und zwar in einer unverhältnismäßig hohen Zahl im Vergleich zu dem Rest der Bevölkerung. Wir nahmen die schwarzen jungen Männer, denen unsere Gesellschaft das Lebensrecht versagte, und sandten sie 8000 Meilen weit weg, um die Freiheiten in Südostasien zu sichern, die sie in Südwest-Georgia und East-Harlem nicht gefunden hatten. So wurden wir immer wieder mit der grausamen Ironie konfrontiert, Neger und Weiße beobachten zu müssen, wie sie gemeinsam töten und sterben für eine Nation, die es nicht fertiggebracht hat, sie in den gleichen Schulen nebeneinander sitzen zu lassen. Wir sehen, wie sie miteinander in brutaler Solidarität die Hütten eines armen Dorfes niederbrennen, aber es ist uns klar, daß sie niemals in dem gleichen Häuserblock in Detroit wohnen würden. Angesichts solcher grausamen Ausnutzung der Armen konnte ich nicht schweigen.

Mein dritter Grund führt mich zu einer noch tieferen Einsicht. Er wächst aus meiner Erfahrung in den Gettos des Nordens in den letzten drei Jahren, besonders in den letzten drei Sommern. Als ich mit den verzweifelten, ausgestoßenen und zornigen jungen Menschen marschierte, habe ich ihnen gesagt, daß Molotow-Cocktails und Gewehre ihre Probleme nicht lösen würden. Ich habe versucht, ihnen mein tiefstes Mitgefühl und meine Solidarität zu bezeugen, gleichzeitig aber meine Überzeugung aufrechtzuerhalten, daß gesellschaftliche Veränderungen am sinnvollsten durch gewaltloses Handeln herbeigeführt werden. Aber sie fragten, und das mit Recht: *Und was ist denn mit Vietnam los?* Sie fragten, ob unsere Nation denn nicht massive Gewalt anwendet, um ihre Probleme zu lösen, um die Veränderungen herbeizuführen, die sie wünscht. Diese Fragen trafen mich tief. Und ich wußte, daß ich niemals wieder meine Stimme gegen Gewalttaten der Unterdrückten in den Gettos erheben könnte, bevor ich nicht eindeutig den größten Gewaltausüber in der heutigen Welt angeredet habe, und das ist meine eigene Regierung. Um dieser Jungen willen, um dieser Regierung willen, um der Hunderttausende willen, die unter unseren Gewaltakten zittern, kann ich nicht schweigen.

Für diejenigen, die mich fragen: »Bist du nicht ein Führer der Bürgerrechtsbewegung?« und damit meinen, ich hätte mit der Friedensbewegung nichts zu tun, habe ich eine weitere Antwort. Als eine Anzahl von uns im Jahre 1957 die Soothern Christian Leadership-Conference bildeten, wählten wir als unser Motto: »Wir wollen die Seele Amerikas retten.« Wir waren davon überzeugt, daß wir unsere Vision nicht darauf beschränken durften, gewisse Rechte für schwarze Menschen zu fordern, sondern wir betonten unsere Überzeugung, daß es niemals ein wirklich freies Amerika geben würde, das sich selbst überwunden hätte, wenn nicht die Abkömmlinge seiner Sklaven völlig von den Fesseln befreit würden, die sie noch tragen. ...

Nun sollte es völlig deutlich sein, daß niemand, dem die Lauterkeit und das Leben Amerikas heute am Herzen liegt, an dem gegenwärtigen Krieg vorbeigehen kann. Wenn die Seele Amerikas völlig vergiftet wird, so muß ein Teil der Autopsie Vietnam heißen. Amerika kann niemals zur Genesung kommen, solange es die tiefsten Hoffnungen von Menschen in der ganzen Welt zerstört. So geschieht es, daß diejenigen von uns, die entschlossen sind, daß Amerika »sein wird«, den Weg des Protestes und der Ablehnung geführt werden, auf dem sie für die Gesundheit unseres Landes wirken.

Gerade als ob das Gewicht dieser Hingabe an Leben und Gesundheit Amerikas noch nicht schwer genug sei, bekam ich im Jahre 1964 mit der Verleihung des Friedens-Nobelpreises eine neue Verantwortung auferlegt. Ich bin mir völlig klar darüber, daß der Friedens-Nobelpreis die Verpflichtung bedeutet, mehr als je zuvor für die »Brüderlichkeit unter den Menschen« zu arbeiten. Diese Berufung führt mich weit über nationale Bindungen hinaus. Aber selbst wenn sie nicht vorhanden wäre, müßte ich doch in der

Wahrnehmung des Dienstes Jesu Christi genau dasselbe tun. Für mich ist dieser Dienst so eng mit der Arbeit für den Frieden verknüpft, daß ich mich immer wieder über diejenigen wundere, die mich fragen, warum ich meine Stimme gegen den Krieg erhebe. Sollten sie denn wirklich nicht wissen, daß die frohe Botschaft allen Menschen gilt – Kommunisten und Kapitalisten, ihren und unseren Kindern, Schwarzen wie Weißen, den Revolutionären wie den Konservativen? Haben sie vergessen, daß mein Dienst im Gehorsam gegen den zu geschehen hat, der seine Feinde so sehr liebte, daß er für sie starb? Was soll ich denn als gläubiger Diener dieses Einen dem Vietkong, was soll ich Castro oder Mao sagen? Darf ich sie mit dem Tode bedrohen, oder muß ich nicht mit ihnen zusammen leben lernen?

Schließlich wäre bei dem Versuch, für sie und für mich selbst den Weg von Montgomery bis in diese Kirche aufzuzeigen, das Entscheidende damit gesagt, daß ich meiner Glaubensüberzeugung treu bleiben muß, mit allen Menschen zu den Kindern des lebendigen Gottes zu gehören. Diese Berufung zur Kindschaft und zur Brüderlichkeit geht über die Zugehörigkeit zu einer Rasse, einer Nation oder einem Glaubensbekenntnis hinaus. Und weil ich glaube, daß dem Vater besonders die Leidenden, Hilflosen und Verachteten unter seinen Kindern am Herzen liegen, komme ich heute abend hierher, um für sie zu sprechen. Ich glaube, daß dies das Privileg und die Bürde derer ist, die sich durch Treueverpflichtungen gebunden wissen, welche umfassender und tiefer sind als der Nationalismus, und die jenseits der egoistischen Ziele und Interessen unserer Nation stehen. Es ist unsere Aufgabe, für die Schwachen zu sprechen, für die, die keine Stimme haben, für die Opfer unserer Nation, für die, die sie Feinde nennt, denn keine von Menschen angefertigte Erklärung kann diese zu weniger machen als zu unseren Brüdern.

Und wenn ich jetzt an den Wahnsinn in Vietnam denke und mich frage, wie ich das verstehen und was ich tun soll, so muß ich zunächst, von Mitleid überwältigt, an die Menschen dieser Halbinsel denken. Ich spreche jetzt nicht von den Soldaten auf beiden Seiten, auch nicht von der Militärregierung in Saigon, sondern einfach von den Menschen, die seit fast drei Jahrzehnten schon ohne Unterbrechung unter dem Fluch des Krieges leben. Ich denke an sie auch deshalb, weil mir klar ist, daß es eine sinnvolle Lösung ohne den Versuch, ihre Lage zu begreifen und ihre erstickten Rufe zu hören, nicht geben wird.

Sie müssen die Amerikaner als seltsame Befreier ansehen. Im Jahre 1945 erklärte das vietnamesische Volk seine Unabhängigkeit. Das geschah nach der französisch-japanischen Besatzungszeit und vor der kommunistischen Revolution in China. Der Führer der Vietnamesen war Ho Chi Minh. Sie zitierten die amerikanische Unabhängigkeitserklärung in ihrem eigenen Freiheitsdokument. Aber wir lehnten es ab, sie anzuerkennen. Statt dessen entschlossen wir uns, Frankreich bei der Wiedereroberung seiner früheren Kolonie zu unterstützen.

Unsere Regierung war der Meinung, daß das vietnamesische Volk für die Unabhängigkeit noch nicht »reif« sei, womit wir wieder einmal ein Opfer jener tödlichen westlichen Arroganz wurden, die die internationale Atmosphäre so lange vergiftet hat. Mit dieser tragischen Entscheidung lehnten wir eine revolutionäre Regierung ab, die nichts mehr als Selbstbestimmung verlangte, eine Regierung, die nicht von China (für das die Vietnamesen keine große Liebe empfinden) eingesetzt war, sondern ohne Zweifel von Kräften aus dem eigenen Land, unter denen sich auch einige Kommunisten befanden. Für die Bauern bedeutete die neue Regierung, daß nun tatsächlich Landreformen durchgeführt wurden, und eben das war dort dringend nötig.

Ab 1945 versagten wir neun Jahre lang dem Volk von Vietnam das Recht auf Unabhängigkeit. Neun Jahre lang unterstützten wir tatkräftig die Franzosen bei ihrem verhängnisvollen Versuch, Vietnam wieder zur Kolonie zu machen. Ehe der Krieg zu Ende ging, trugen wir 80 Prozent der französischen Kriegskosten. Während die Franzosen noch vor ihrer endgültigen Niederlage in Dien Bien Phu an ihrem leichtsinnigen Unternehmen verzweifelten, blieben wir hart. Wir ermutigten sie mit unseren gewaltigen militärischen und finanziellen Unterstützungen, den Krieg selbst dann noch fortzusetzen, als sie es gar nicht mehr wollten. Kurz darauf trugen wir fast die gesamten Kosten dieses tragischen Versuches einer Rekolonisierung.

Nachdem die Franzosen geschlagen waren, sah es so aus, als ob es durch das Genfer Abkommen nun doch zur Unabhängigkeit und zur Landreform kommen werde. Aber statt dessen kamen die Vereinigten Staaten mit der Absicht, die von Ho Chi Minh angestrebte Wiedervereinigung der für eine gewisse Zeit geteilten Nation zu verhindern. Die Bauern mußten erneut beobachten, wie wir einen der übelsten modernen Diktatoren unterstützten – den von uns erwählten Premierminister Diem. Die Bauern sahen zu und duckten sich, als Diem rücksichtslos jede Opposition ausrottete, die wucherischen Großgrundbesitzer unterstützte und es sogar ablehnte, über die Wiedervereinigung mit dem Norden auch nur in eine Diskussion einzutreten. Die Bauern sahen, wie all dies unter dem Schutz amerikanischen Einflusses geschah und dann unter dem Schutz einer immer größeren Anzahl amerikanischer Soldaten, die kamen, um die durch Diems Methoden hervorgerufene Erhebung niederschlagen zu helfen. Vielleicht waren sie froh über Diems Sturz, aber die dann folgende lange Liste der Militärdiktaturen bedeutete offensichtlich keine wirkliche Veränderung – schon gar nicht, was ihr Verlangen nach Landbesitz und Frieden anging.

Die einzige sichtbare Veränderung kam aus Amerika, als wir nämlich unsere militärische Hilfe zur Unterstützung solcher Regierungen verstärkten, die einmalig korrupt, unfähig und ohne Unterstützung im Volke waren. Aber gleichzeitig lasen die Leute unsere Flugblätter und erhielten ein Versprechen nach dem anderen, daß es Friede, Demokratie und – Landreform geben werde. Jetzt werden sie durch unsere Bombardierungen langsam ausgerottet und sehen in uns, nicht in ihren vietnamesischen Landsleuten, den wirklichen Feind. Niedergeschlagen und teilnahmslos lassen sie es über sich ergehen, wenn wir sie aus dem Land ihrer Väter deportieren und in Konzentrationslager zusammenpferchen, in denen kaum die einfachsten Lebensbedingungen vorhanden sind. Sie wissen, sie müssen sich wegführen lassen, wenn sie nicht unter unseren Bomben umkommen wollen; deswegen gehen sie – vor allem Frauen, Kinder und die Alten.

Sie beobachten, wie wir ihr Wasser vergiften und die Ernte von einer halben Million Hektar Land vernichten. Sie weinen, wenn die Bulldozer durch ihr Land röhren, um ihre geliebten Bäume niederzuroden. Sie kommen in die Krankenhäuser – auf mindestens 20 Opfer amerikanischer Angriffe kommt nur ein Verwundeter durch den Vietkong; sie gehen in die Städte und sehen Tausende von Kindern, heimatlos, nackt, wie Tiere in Rudeln durch die Straßen streifen; sie sehen, wie diese Kinder von unseren Soldaten erniedrigt werden, wenn sie um Brot betteln. Sie sehen, wie die Kinder ihre Schwestern an unsere Soldaten verkaufen und für ihre Mütter betteln.

Was denken die Bauern, wenn wir uns mit den Landbesitzern verbünden und uns weigern, auf unsere vielen Worte über die Landreform irgendwelche Taten folgen zu lassen? Was denken sie, wenn wir unsere neuesten Waffen an ihnen ausprobieren, genauso, wie die Deutschen neue medizinische Behandlungsmethoden und neue Folterungen in den Konzentrationslagern Europas erprobten? Wo sind die Fundamente jenes unabhängigen Vietnam, das wir aufzubauen behaupten? Liegen sie bei jenen, die keine Stimme haben? Wir haben jene Ordnungen zerstört, an denen sie am stärksten hingen: die Familie und das Dorf. Wir haben ihre Äcker und ihre Ernten vernichtet, wir haben mitgeholfen, die einzige nichtkommunistische revolutionäre politische Kraft zu zerschlagen – die Vereinigte Buddhistische Kirche. Wir haben den Feinden der Bauern von Saigon geholfen. Wir haben ihre Frauen und Kinder völlig verdorben. Was für Befreier sind wir doch!

Außer Verbitterung ist nicht mehr viel übrig, worauf wir bauen können. Die einzigen festen Plätze werden bald nur noch unsere Militärbasen und die Betonklötze der Konzentrationslager sein, die wir »befestigte Dörfer« nennen. Die Bauern werden sich mit Recht fragen, ob wir unser neues Vietnam auf solche Fundamente aufbauen wollen. Können wir sie für solche Zweifel tadeln? Wir müssen für sie sprechen und die Fragen stellen, die sie nicht stellen können. Auch sie sind unsere Brüder.

Eine noch schwierigere aber keineswegs weniger nötige Aufgabe besteht darin, für die unsere Stimme zu erheben, die als unsere Feinde bezeichnet werden. Was hat es mit der Nationalen Befreiungsfront auf sich, jener seltsam anonymen Gruppe, die wir Vietkong oder Kommunisten nennen? Was müssen sie von uns Amerikanern denken, wenn ihnen klar wird, daß wir die Unterdrückungsmethoden und Grausamkeiten eines Diem zuließen, die ja erst der Grund für ihren Zusammenschluß als Widerstandsgruppe im Süden wurde? Was denken sie über unsere Zustimmung zu den Gewalttaten, die sie zu den Waffen greifen ließ? Wie können sie an unsere ehrlichen Absichten glauben, wenn wir jetzt von »Aggression aus dem Norden« reden, als ob es nicht sehr viel entscheidendere Ursachen des Konfliktes gäbe? Wie können sie uns vertrauen, wenn wir sie jetzt nach der langen Zeit des mörderischen Diem-Regimes wegen ihrer Gewalttaten anklagen, und das, während wir zur Zeit alle möglichen neuen todbringenden Waffen über ihr Land bringen? Wir müssen verstehen, was sie bewegt, selbst wenn wir mit ihrem Handeln nicht einverstanden sind. Wir müssen endlich begreifen, daß die Leute, die wir unterstützten, sie zur Gewaltanwendung trieben. Sehen wir denn nicht, daß unsere sorgsam mit Computern errechneten Vernichtungspläne ihre größten Gewalttaten vergleichsweise unerheblich erscheinen lassen?

Wie urteilen sie wohl darüber, daß unsere Regierungssprecher sehr wohl wissen, daß unter ihren Mitgliedern keine 25 Prozent Kommunisten sind, aber trotzdem dabei bleiben, sie alle mit diesem Namen zu belegen? Was müssen sie von uns denken, wenn sie wissen, daß wir ihre Herrschaft über große Teile Vietnams nicht übersehen können und uns trotzdem dazu hergeben, nationale Wahlen zuzulassen, an denen diese voll durchorganisierte Parallel-Regierung nicht teilnehmen kann? Sie fragen, wie man denn von freien Wahlen sprechen kann, wenn die Presse Saigons von der Militärjunta zensiert und kontrolliert wird, und sie sind sicherlich mit Recht erstaunt darüber, was für einer neuen Regierung wir denn ohne ihre Mitwirkung zum Leben verhelfen wollen – ohne die einzige Gruppe, die wirklich in Verbindung mit den Bauern steht? Sie stellen unsere politischen Ziele in Frage und bestreiten, daß es eine reale Friedensmöglichkeit gibt, wenn man sie von der Mitarbeit ausschließt. Ihre Fragen sind auf eine bestürzende Weise berechtigt. Will unser Volk wieder einmal auf dem Boden eines politischen Mythos etwas aufbauen, das dann unter dem Druck neuer Gewalttat konsolidiert werden soll?

Hier wird die eigentliche Bedeutung, die Unentbehrlichkeit des Erbarmens und des gewaltlosen Handelns sichtbar, weil sie uns helfen, den Standpunkt des Gegners zu verstehen, seine Fragen zu hören und zu lernen, wie er uns einschätzt. Von seiner Sicht der Dinge aus können wir vielleicht die grundlegende Schwäche unserer eigenen Position erkennen. Und wenn wir wirklich reif sind, können wir aus den Einsichten der Brüder, die man die Opposition nennt, Gewinn ziehen und, von ihnen lernend, wachsen. Das gilt auch für Hanoi. Im Norden, wo das Land unter den Schlägen unserer Bombenangriffe stöhnt und unsere Minen die Wasserwege gefährden, begegnen wir einem tiefen, aber nur allzu verständlichen Mißtrauen. Für diese Menschen die Stimme erheben bedeutet, daß wir dieses ihr Mißtrauen gegenüber den jetzigen amerikanischen Absichten uns zu Bewußtsein bringen. In Hanoi leben die Männer, die das Volk in die Unabhängigkeit von französischer und japanischer Herrschaft geführt haben, die dann die Mitgliedschaft im französischen Commonwealth suchten und schließlich durch die Schwäche von Paris und das uneinsichtige

Verhalten der Kolonialarmeen betrogen wurden. Diese Männer waren es, die unter ungeheuren Opfern einen zweiten Kampf gegen die französische Herrschaft führten und die man dann in Genf dazu brachte, als zeitweilige Maßnahme das Land zwischen dem 13. und dem 17. Breitengrad, das sie in der Gewalt hatten, aufzugeben. Sie sahen dann, wie wir nach 1954 mit Diem uns absprachen, um die Wahlen zu verhindern, die ganz gewiß Ho Chi Minh an die Regierung eines vereinigten Vietnam gebracht hätten, und sie mußten feststellen, daß sie wieder einmal betrogen worden waren.

Das müssen wir im Auge behalten, wenn wir verstehen wollen, warum sie sich nicht nach Verhandlungen reißen. Es muß auch klar sein, daß die leitenden Männer in Hanoi die Anwesenheit amerikanischer Truppen zur Unterstützung des Diem-Regimes als den ersten militärischen Bruch des Genfer Abkommens über die Stationierung fremder Truppen betrachten.

Sie erinnern uns auch daran, daß sie erst dann Material und Truppen in nennenswertem Ausmaß entsandten, als die Zahl der amerikanischen Kräfte dort bereits in die Zehntausende hochgeschnellt war.

Hanoi erinnert uns daran, daß unsere politischen Führer uns die Bekanntgabe früherer Friedensbemühungen Nordvietnams verschwiegen, daß wir behaupteten, es gebe sie nicht, während sie doch eindeutig vorlagen. Ho Chi Minh beobachtete, wie Amerika vom Frieden sprach und gleichzeitig seine Streitkräfte verstärkte, und jetzt hat er sicherlich auch die um sich greifenden internationalen Berichte von amerikanischen Plänen zur Invasion des Norden registriert. Vielleicht kann er es nur mit Humor und Ironie aushalten, wenn er hört, daß die mächtigste Nation der Welt von *seiner* Aggression spricht, während sie Tausende von Bomben auf ein armes und schwaches Volk wirft, das mehr als 8000 Meilen von der amerikanischen Küste entfernt liegt.

An dieser Stelle möchte ich deutlich aussprechen: wenn ich auch in diesen letzten Minuten versuchte, für die in Vietnam zu sprechen, die keine Stimme haben, und die Argumente derer zu verstehen, die wir Feinde nennen, mir liegen unsere eigenen Soldaten dort genauso am Herzen. Denn mir wird immer klarer, daß wir sie in Vietnam nicht nur dem üblichen Brutalisierungsvorgang eines Krieges aussetzen, in dem Armeen einander gegenüberstehen und sich zu vernichten suchen. Wir geben dem Vorgang des Tötens noch dazu eine zynische Komponente, denn sie müssen ja nach kurzem Aufenthalt dort erkennen, daß nichts von dem, für das wir zu kämpfen vorgeben, wirklich auf dem Spiele steht. Nur zu bald erkennen sie, daß ihre Regierung sie in einen Kampf zwischen Vietnamesen geschickt hat, und diejenigen, die etwas tiefer nachdenken, merken sicherlich, daß wir auf der Seite der Wohlhabenden und Gesicherten stehen, den Armen aber die Hölle bereiten.

Auf welche Weise auch immer: Dieser Wahnsinn muß aufhören. Wir müssen zu einem Ende kommen, und zwar jetzt. Ich spreche als ein Kind Gottes und als Bruder jener leidenden, armen Menschen von Vietnam. Ich spreche für die, deren Land verwüstet, deren Häuser zerstört und deren Kultur vernichtet wird.

Ich spreche für die Armen in Amerika, die einen zweifachen Preis zahlen: den der zerbrochenen Hoffnung daheim und den des Todes und der Korruption in Vietnam. Ich spreche als ein Bürger der Welt, jener Welt, die entsetzt auf den Weg schaut, den wir genommen haben. Ich spreche als Amerikaner zu den Führern meines Volkes. Denn wir haben die entscheidenden Schritte in diesem Krieg unternommen, deshalb muß er jetzt auch durch unsere Initiative beendet werden.

Hören wir die Botschaft, die von den großen buddhistischen Führern Vietnams kommt. Einer von ihnen schrieb vor kurzem diese Sätze: »Jeder Tag, den der Krieg länger andauert, verstärkt den Haß in den Herzen der Vietnamesen und in den Herzen derer, die sich um die Menschlichkeit sorgen. Die Amerikaner bringen es fertig, sogar ihre Freunde zu ihren Gegnern zu machen. Es ist seltsam, daß die Amerikaner, die so sorgfältig die Möglichkeiten eines militärischen Sieges berechnen, nicht bemerken, wie sie unterdessen eine weitgehende psychologische und politische Niederlage erleiden. Das Bild von Amerika wird niemals wieder das Bild der Revolution, der Freiheit, der Demokratie sein, sondern das Bild der Gewalttätigkeit, des Militarismus.«

Wenn wir uns weiter so verhalten, wird für mich und in den Augen der Welt kein Zweifel mehr daran bestehen, daß wir in Vietnam keinerlei ehrliche Absichten verfolgen. Es wird deutlich werden, daß wir zumindest hoffen, das Land zu einer amerikanischen Kolonie zu machen, und viele werden nicht davon abgehen, darüber hinaus die Hoffnung zu hegen, daß wir China in einen Krieg locken können, um seine nuklearen Anlagen zu zerstören. Wenn wir nicht sofort unseren Krieg gegen das vietnamesische Volk einstellen, wird der Welt nur jene Interpretation übrigbleiben, daß das Ganze ein schrecklich unbedachtes und tödliches Spiel ist, das wir unbedingt durchführen wollen.

Die Welt verlangt heute von Amerika ein solches Maß von Einsicht, zu dem wir wohl nicht fähig sind. Sie verlangt von uns das Eingeständnis, daß wir mit unserem Vietnam-Abenteuer von Anfang an im Unrecht gewesen sind und dem Leben des vietnamesischen Volkes schwersten Schaden zugefügt haben.

Um unsere Vergehen und Fehler in Vietnam wiedergutzumachen, sollten wir es sein, die die Initiative ergreifen und diesen tragischen Krieg beenden. Ich möchte fünf konkrete Vorschläge machen, die unsere Regierung sofort befolgen sollte, um den langen und schwierigen Prozeß einzuleiten, der uns aus diesem Konflikt herausführt, der immer mehr einem Alptraum gleicht.

1. Alle Bombardierungen in Nord- und Südvietnam sind sofort zu beenden.

2. Einseitige Einstellung aller Kampfhandlungen in der Hoffnung, daß dadurch eine günstige Atmosphäre für Verhandlungen entsteht.

3. Sofort Schritte unternehmen, um das Entstehen neuer Schlachtfelder in Südostasien zu verhindern, indem wir unseren militärischen Aufmarsch in Thailand einschränken und die Einmischung in Laos beenden.

4. Realistisch das Faktum akzeptieren, daß die Nationale Befreiungsfront in Südvietnam erhebliche Unterstützung findet und daß sie deshalb bei allen sinnvollen Verhandlungen und in jeder kommenden vietnamesischen Regierung eine Rolle spielen muß.

5. In Übereinstimmung mit dem Genfer Abkommen von 1954 einen Zeitpunkt festsetzen, zu dem alle fremden Truppen aus Vietnam abgezogen werden.

Eine weitergehende Verpflichtung könnte für uns darin bestehen, daß wir jedem Vietnamesen, der unter einer neuen Regierung, an der die Nationale Befreiungsfront beteiligt ist, um sein Leben fürchtet, Asyl gewähren. Sodann müssen wir so umfassend wie möglich für die Schäden aufkommen, die wir angerichtet haben. Wir müssen die ärztliche Hilfe leisten, die so dringend nötig ist, und das, falls nötig, sogar in unserem eigenen Land. Inzwischen haben wir in den Kirchen und Synagogen die ständige Aufgabe, unsere Regierung aufzufordern, von ihrem schändlichen Unternehmen abzulassen. Wir müssen weiterhin unsere Stimmen erheben, wenn unsere Nation an ihrem verkehrten Engagement in

Vietnam festhält. Wir müssen uns darauf einstellen, jede Form des Protests herauszufinden, die überhaupt möglich ist.

Wenn wir die jungen Männer in Fragen ihres Militärdienstes beraten, müssen wir sie über die Rolle unserer Nation in Vietnam aufklären und ihnen die Möglichkeit der Kriegsdienstverweigerung nahelegen. Ich freue mich, berichten zu können, daß dieser Weg nun von mehr als 70 Studenten meiner eigenen Alma Mater, dem Morehouse-College, beschritten wird, und ich empfehle ihn all denen, die die amerikanische Politik in Vietnam als abscheulich und ungerecht ansehen. Darüber hinaus möchte ich allen Pfarrern im wehrpflichtigen Alter nahelegen, auf das Privileg ihrer Freistellung als Pfarrer zu verzichten und die Anerkennung als Kriegsdienstverweigerer zu beantragen. Wir befinden uns in einer Zeit ganzer und nicht halber Entscheidungen, in einem Augenblick, wo wir uns selbst ganz einsetzen müssen, wenn unsere Nation ihre eigene Torheit überleben soll. Jeder, der sein Handeln nach humanen Kriterien einrichtet, muß sich zu der Art von Protest bekennen, die seinen Überzeugungen am besten entspricht, aber protestieren müssen wir alle.

Es wäre eine verführerische Versuchung, an dieser Stelle abzubrechen, damit wir uns alle dorthin begeben, wo das geschieht, was man in gewissen Kreisen als einen volkstümlichen Kreuzzug gegen den Krieg in Vietnam bezeichnet hat. Ich wiederhole es, daß wir uns an diesem Kampf beteiligen müssen, aber ich möchte noch weitergehen und etwas sagen, was noch beunruhigender ist: Denn der Krieg in Vietnam ist nur ein Symptom einer viel tiefer liegenden Erkrankung des amerikanischen Geistes. Wenn wir diesen ernüchternden Tatbestand ignorieren, wird sich zeigen, daß wir noch in der nächsten Generation alle möglichen »Pfarrer- und Laien-Protestkomitees« organisieren müssen. Sie werden dann über Guatemala und Peru besorgt sein. Sie werden sich um Thailand und Kambodscha, Mozambique und Südafrika Gedanken machen. Wir werden für diese und für ein Dutzend andere Namen marschieren, ohne Ende Versammlungen besuchen, es sei denn, ein grundsätzlicher tiefer Wandel tritt in Leben und Politik Amerikas ein. Solche Erwägungen führen uns über Vietnam hinaus, aber nicht über unsere Berufung, Söhne des lebendigen Gottes zu sein. Ein einsichtiger amerikanischer Beamter in Übersee sagte im Jahre 1957, er habe den Eindruck, unser Volk stehe auf der falschen Seite einer weltweiten Revolution. Wir haben in den letzten 10 Jahren die Entstehung einer neuen Unterdrückungsmethode beobachten können, die jetzt zur Begründung der Anwesenheit amerikanischer Militär-»Berater« in Venezuela führt.

Die Notwendigkeit, zur Sicherung unserer Investitionen den gesellschaftlichen Status quo aufrechtzuerhalten, erklärt die konterrevolutionäre Aktion amerikanischer Streitkräfte in Guatemala. Das erklärt auch, warum amerikanische Hubschrauber gegen Guerillas in Kolumbien eingesetzt werden und warum amerikanisches Napalm und Elitetruppen bereits gegen Rebellen in Peru eingesetzt wurden. Diese Unternehmungen vor Augen, werden wir an jene Worte erinnert, die der verstorbene John F. Kennedy vor fünf Jahren sagte: »Diejenigen, die eine friedliche Revolution verhindern, werden eine gewaltsame Revolution unabwendbar machen.«

Absichtlich oder zufällig – es ist unsere Nation, die in wachsendem Maße diese Rolle zu spielen begonnen hat: die Rolle derer, die eine friedliche Revolution unmöglich machen, weil sie sich weigern, auf die Vorrechte und Annehmlichkeiten zu verzichten, die aus den riesigen Gewinnen unserer überseeischen Investitionen entstehen.

Ich bin davon überzeugt, daß unser Volk eine radikale Revolution der Werte vornehmen muß, wenn es sich auf die richtige Seite der Weltrevolution stellen will. Wir müssen schnell damit anfangen, von einer »sachorientierten« Gesellschaft zu einer »personorientierten« Gesellschaft zu kommen. Wenn Maschinen und Computer, Profitbestrebungen und Eigentumsrechte für wichtiger gehalten werden als die Menschen, dann wird die schreckliche Allianz von Rassenwahn, Materialismus und Militarismus nicht mehr besiegt werden können.

Eine echte Revolution der Werte wird uns bald dazu bringen, daß wir die Redlichkeit und Berechtigung mancher unserer vergangenen und gegenwärtigen politischen Maßnahmen in Frage stellen. Gewiß ist es unsere Verpflichtung, die Rolle des barmherzigen Samariters für alle diejenigen zu übernehmen, die am Wege liegengeblieben sind. Aber das ist nur ein Anfang. Eines Tages müssen wir begreifen, daß die ganze Straße nach Jericho geändert werden muß, damit nicht fortwährend Männer und Frauen geschlagen und ausgeraubt werden, während sie sich auf ihrer Lebensreise befinden. Wahre Solidarität ist mehr als die Münze, die man dem Bettler hinwirft; sie ist nicht so zufällig und gedankenlos. Sie kommt zu der Einsicht, daß ein Haus, das Bettler hervorbringt, umgebaut werden muß. Eine echte Revolution der Werte wird den schreienden Gegensatz von Armut und Reichtum sehr bald mit großer Unruhe betrachten. Sie wird nach Übersee blicken und mit gerechter Empörung darauf hinweisen, daß einzelne Kapitalisten des Westens riesige Geldbeträge in Asien, Afrika und Lateinamerika investieren, nur um zu verdienen und ohne Interesse an sozialen Fortschritten in jenen Ländern, und sie wird ausrufen: »Das ist ungerecht.« Eine Revolution der Werte wird unser Bündnis mit den Großgrundbesitzern in Lateinamerika durchschauen und feststellen: »Das ist ungerecht.« Ungerecht ist auch die westliche Überheblichkeit, die meint, daß sie den anderen alles beibringen kann und von ihnen nichts zu lernen hat. Eine wirkliche Revolution der Werte wird den Status quo selbst beseitigen und vom Kriege sagen: »Dieser Weg zur Lösung von Spannungen ist nicht recht.« Diese Art von Beschäftigung, menschliche Wesen mit Napalm zu verbrennen, die Häuser unserer Nation mit Waisen und Witwen zu füllen, giftigen Haß in die Adern von Menschen zu spritzen, die normalerweise sich ganz menschlich verhalten, Männer von finsteren und blutigen Schlachtfeldern, körperlich verkrüppelt und seelisch aus dem Gleichgewicht gebracht, nach Hause zu senden, diese Beschäftigung kann nie und nimmer mit Weisheit, Gerechtigkeit und Liebe in Einklang gebracht werden. Ein Volk, das seit Jahren mehr Geld für militärische Verteidigung als für den Ausbau sozialer Reformen ausgibt, gerät in die Nähe des geistlichen Todes.

Amerika, das reichste und mächtigste Land der Welt, könnte bei dieser Revolution der Werte durchaus führend sein. Nichts, außer dem unseligen Wunsch nach Selbstvernichtung, könnte uns an einer Neuordnung unserer Prioritäten hindern, welche eben die Vorbereitung auf den Frieden über die Vorbereitung auf den Krieg stellt. Nichts kann uns davon abhalten, die widerspenstigen Verhältnisse so lange mit unseren wunden Händen umzuformen, bis wir ihnen die Gestalt der Brüderlichkeit gegeben haben.

Diese Art der positiven Revolution der Werte ist die beste Verteidigung gegen den Kommunismus. Krieg ist keine Lösung. Der Kommunismus wird niemals durch die Verwendung von Atombomben oder Kernwaffen besiegt werden. Wir wollen uns nicht denen anschließen, die »Krieg« rufen und in ihrer irrigen Leidenschaft darauf drängen, daß die Vereinigten Staaten nicht länger Mitglied der Vereinten Nationen bleiben. Unsere Zeit verlangt Zurückhaltung und Besonnenheit. Wir sollten nicht sofort denjenigen einen Kommunisten oder Verzichtler nennen, der für die Auf-

nahme Chinas in die Vereinten Nationen eintritt und der eingese-
hen hat, daß Haß und Hysterie keineswegs die letzten Antworten
auf die Probleme unserer bewegten Zeit sind. Wir dürfen uns
nicht bei einem negativen Antikommunismus aufhalten, sondern
müssen einen neuen Vorstoß in Richtung auf eine bessere Demokratie wagen. Wir müssen einsehen, daß ja unsere stärkste Verteidigung gegen den Kommunismus eine Offensivaktion zur Rea-
lisierung der Gerechtigkeit ist. Wir müssen durch positives Handeln Armut, Ungesichertheit und Ungerechtigkeit zu beseitigen
suchen. Denn sie sind der fruchtbare Boden, auf dem die Saat des
Kommunismus wächst und gedeiht.

Wir leben in einer revolutionären Zeit. Auf der ganzen Erde erheben sich die Menschen gegen die alten Systeme der Ausbeutung
und Unterdrückung, und aus dem Schoß einer gebrechlichen
Welt erwachsen neue Systeme der Gerechtigkeit und der Gleichheit. Die barfüßigen und hemdlosen Bauernmassen der Dritten
Welt erheben sich, wie sie es nie zuvor getan haben. »Das Volk,
das in der Finsternis sitzt, sieht ein großes Licht.« Wir im Westen
müssen diese Revolutionen unterstützen. Es ist eine traurige Tatsache, daß die westlichen Nationen, die den revolutionären Geist
der modernen Welt recht eigentlich begründeten, aus Bequemlich-
keit, Gleichgültigkeit, krankhafter Angst vor dem Kommunismus
und der Neigung, Ungerechtigkeiten als unvermeidlich hinzuneh-
men, nun zu Erz-Antirevolutionären geworden sind. Aus dieser
Entwicklung schließen viele, daß nur der Marxismus revolutionären Geist hat. Der Kommunismus ist deshalb ein Gericht über unser Versagen, eine wirkliche Demokratie zu schaffen und die revolutionäre Entwicklung voranzutreiben, die wir begründeten. Unsere einzige Hoffnung besteht heute darin, daß wir von diesem
revolutionären Geist wieder ergriffen werden und in eine oft
feindselige Welt hinausgehen, um der Armut, dem Rassismus
und dem Militarismus den Kampf anzusagen.

Wenn wir uns auf diese Weise engagieren, können wir kühn den
Status quo und die falsche Moral, auf der er beruht, in Frage stellen und dadurch die Ankunft des Tages beschleunigen, an dem
»jedes Tal erhöht und jeder Hügel und Berg erniedrigt, das Ge-
krümmte zur Ebene und die Höhen zum Talgrund werden«.

Eine echte Revolution der Werte meint in letzter Konsequenz, daß
unsere Treueverpflichtungen weltweit werden müssen, nicht re-
gional beschränkt bleiben dürfen. Jede Nation muß jetzt eine sich
über alle Schranken hinwegsetzende Verpflichtung gegenüber der

Menschheit als Ganzem entwickeln, um die optimalen Möglichkeiten in ihrem eigenen Bereich bewahren zu können. Dieser Ruf zu einer weltweiten Gemeinschaft, der die Sorge für den Nachbarn über die Rassen-, Klassen- und Nationalzugehörigkeit hinaushebt, ist in Wirklichkeit der Ruf nach einer allumfassenden und bedingungslosen Liebe für alle Menschen. Dieser so oft mißverstandene und falsch ausgelegte Gedanke, von den Nietzsches überall in der Welt schnell als eine schwächliche und feige Sache abgetan, ist jetzt zur unerläßlichen Bedingung für das Überleben der Menschheit geworden. Denn wenn ich von Liebe spreche, so spreche ich nicht von einer sentimentalen und schwachen Gefühlserwiderung. Ich spreche von jener Kraft, die alle großen Religionen als das alle Trennungen überwindende Grundprinzip des Lebens angesehen haben. Man kann sagen, daß Liebe der Schlüssel ist, der die Tür zur letzten Wirklichkeit aufschließt. Dieser von Hindus, Moslems, Christen, Juden und Buddhisten geteilte Glaube an eine letzte Einheit der Wirklichkeit hat im ersten Johannesbrief seinen klassischen Ausdruck gefunden: »Geliebte, lasset uns einander lieben, denn die Liebe ist aus Gott und jeder, der liebt, ist aus Gott gezeugt und erkennt Gott. Wer nicht liebt, hat Gott nicht erkannt, denn Gott ist Liebe ... Wenn wir einander lieben, bleibt Gott in uns, und seine Liebe ist in uns vollendet.« Laßt uns hoffen, daß dieser Geist unsere Tage ordnet. Es ist einfach unmöglich, daß wir noch länger den Gott des Hasses anbeten und uns vor dem Altar der Vergeltung verbeugen. Das Meer der Geschichte wird durch die beständig steigenden Fluten des Hasses aufgewühlt. Die Geschichte ist angefüllt mit dem Scheitern jener Nationen und jener einzelnen, die diesen selbstzerstörerischen Weg des Hasses einschlugen.

Wir stehen jetzt vor der Tatsache, daß die Zukunft heute beginnt. Heftig drängt uns die Notwendigkeit, uns jetzt zu entscheiden, denn das sich jetzt entfaltende Rätsel des Lebens und der Geschichte kennt auch ein »zu spät«. Wer zögert, dem läuft auch heute noch die Zeit davon. Nach einer versäumten Gelegenheit kann es uns oft passieren, daß wir betrübt dastehen und nichts mehr in den Händen halten. Die steigende Flut der Möglichkeiten des Menschen bleibt nicht immer eine steigende Flut; sie ebbt wieder ab. Es könnte sein, daß wir dann der Zeit verzweifelt zurufen, sie möge anhalten (um uns noch eine Chance zu geben), aber die Zeit ist taub für solche Bitten und eilt weiter. Über den bleichen Gebeinen und zerstreuten Überresten vieler Kulturen stehen die beiden verhängnisvollen Worte »zu spät«. Es gibt ein unsichtbares Buch des Lebens, in dem unsere Wachsamkeit und unsere Versäumnisse genau aufgezeichnet sind. »Der Finger bewegt sich und schreibt. Wenn er geschrieben hat, bewegt er sich weiter ...« Heute haben wir noch die Wahl: gewaltlose Koexistenz oder gemeinsame Vernichtung durch Gewalt.

Wir müssen aus der Unentschlossenheit heraus zum Handeln kommen. Wir müssen neue Mittel und Wege finden, um für den Frieden in Vietnam und für Gerechtigkeit überall in der sich entwickelnden Welt einzutreten, in einer Welt, die vor unserer Tür beginnt. Wenn wir jetzt nicht handeln, so wird man uns in jene dunklen und schrecklichen Verliese der Zeit werfen, die für jene bestimmt sind, die Größe ohne Mitleid, Macht ohne moralische Verantwortung und Stärke ohne Weitsicht handhaben.

Laßt uns jetzt anfangen. Wir wollen erneut den langen und anstrengenden, aber auch schönen Kampf für eine neue Welt auf uns nehmen. Das ist der Ruf, der an die Kinder Gottes ergeht, und unsere Brüder warten sehnsüchtig darauf, daß wir antworten. Sollen wir sagen, die Widerstände sind zu groß? Sollen wir ihnen erzählen, der Kampf ist zu schwer? Wird unsere Botschaft an sie sich mit der Feststellung begnügen, daß die ganze Kraft Amerikas gegen ihre Anerkennung als volle Menschen kämpft, und werden wir ihnen deshalb unser Beileid aussprechen? Oder wird unsere Botschaft von Sehnsucht und Hoffnung sprechen, von Solidarität mit ihren Erwartungen, davon, daß wir ihre Sache zu der unseren machen, um welchen Preis auch immer? Die Entscheidung liegt bei uns. Und selbst, wenn wir es lieber anders hätten, *müssen* wir sie jetzt treffen, an diesem Wendepunkt der menschlichen Geschichte.

(Übersetzt von Anne Bahr und Hans-Jürgen Benedict)

5. Die innenpolitische Auswirkung des Vietnamkrieges*

Worin bestehen einige der innenpolitischen Konsequenzen des Vietnamkrieges? Der Krieg hat die »Große Gesellschaft« zu einem Mythos gemacht und statt dessen eine beunruhigende und verwirrte Gesellschaft gebracht. Er hat die Reaktion im Inneren gestärkt. Er hat der extremen Rechten, den antigewerkschaftlichen und antihumanistischen Kräften und den Gegnern der Neger die Waffen eines unechten Patriotismus gegeben und so deren Anhänger bei dem Versuch geeint, Macht sogar im Weißen Haus zu erlangen. Sie hoffen, die nationale Frustration auszunutzen, um Kontrolle über das Land zu erlangen und das Amerika der sozialen Ungesichertheit und der Macht für Privilegierte wiederherzustellen. Wenn ein Künstler aus Hollywood, der nicht einmal als Schauspieler hervorgetreten ist, ein führender Präsidentschaftskandidat aus dem Lager der Falken werden kann, dann kann diese traurige Wendung der Ereignisse nur mit der Irrationalität einer Kriegspsychose erklärt werden.

Der Krieg hat zu einer schändlichen Reihenfolge der Prioritäten geführt. Der Verfall, das Elend und die Verschmutzung der Städte werden nicht beachtet, obwohl jetzt 70 % der Bevölkerung in Städten leben. Der Krieg hat den anfänglichen Fortschritt zu rassischer Gerechtigkeit gebremst, ja fast ganz ausgelöscht. Der Krieg hat zu dem bizarren Schauspiel geführt, daß Streitkräfte der USA gleichzeitig in den Gettos der USA und in den Dschungeln Asiens kämpfen. Der Krieg hat die Verbitterung und die Verzweiflung der Neger so gesteigert, daß Rassenunruhen in den Städten nun ein häßlicher Bestandteil der amerikanischen Szene sind.

Wie kann die Administration, gleichsam vor Empörung bebend, die Gewalttaten schwarzer Gettobewohner verurteilen, während sie in Asien ein Beispiel für Gewalt gegeben hat, das die Welt

---

* Ansprache vor Gewerkschaftlern (National Labor Leadership Conference) in der University of Chicago am 11. November 1967.

93

schockiert? Diejenigen, die Schiffskanonen, Millionen Tonnen an Bomben und scheußliches Napalm benutzen, können nicht vor Negern über Gewalt sprechen. Nur diejenigen, die für den Frieden kämpfen, haben die moralische Autorität, andere über Gewaltlosigkeit zu belehren.

Ich möchte nicht mißverstanden werden: ich setze nicht die sogenannte Gewalt der Neger mit dem Krieg gleich. Die Handlungen der Neger sind unendlich viel weniger gefährlich und unmoralisch als die bewußte Eskalierung des Krieges. Tatsächlich haben die Neger in den Gettos, obwohl gereizt und aufgebracht durch Diskriminierung und Vernachlässigung, im allgemeinen ganz bewußt vermieden, Menschen zu verletzen. Sie haben Eigentum zerstört, aber die Mehrheit hat, selbst wenn sie von Wut gepackt war, ihren Zorn auf unbelebte Dinge gerichtet, nicht auf Menschen. Wenn die Zerstörung von Eigentum bedauerlich ist, was soll man dann zum Einsatz von Napalm gegen Menschen sagen? Was würde mit Negern geschehen, wenn sie nicht nur Feuer legen, sondern Menschen in der Nachbarschaft töten und schlicht erklären würden, daß einige bekannte Kämpfer natürlich sterben müßten. Die Neger würde man barbarische Wilde nennen, falls wir so gefühllos wären, aber für Generäle wäre das militärische Taktik.

Die Prioritäten der Administration und des Kongresses werden in dramatischer Weise illustriert durch die Leichtigkeit, mit der 70 Milliarden Dollar für den Krieg bereitgestellt werden, während man den unwilligen Kongreßabgeordneten kaum 2 Milliarden Dollar für Programme zur Bekämpfung der Armut abringen kann. In den vergangenen zwei Monaten ist die Arbeitslosigkeit ungefähr um 15 % gestiegen. Zur Zeit werden Zehntausende von Mitarbeitern in Programmen gegen die Armut abrupt aus ihren Arbeitsstellen und Trainingsprogrammen entlassen, so daß sie auf dem kleiner werdenden Arbeitsmarkt um Arbeitsplätze und um ihr Überleben kämpfen müssen. Die kriegsbedingte Inflation verkleinert das Gehalt der Arbeitenden, die Pension der Ruheständler und die Ersparnisse fast aller. Die Inflation kriecht nicht mehr, sie galoppiert. Die Menschen aus der Arbeiterschicht bekommen die vereinte Auswirkung von Inflation und Arbeitslosigkeit unmittelbar zu spüren. Aber Neger bekommen diese Auswirkungen mit geradezu vernichtender Härte zu spüren, denn sie befinden sich in jeder Hinsicht am Rande und haben keine Reserven, um die Stöße abzufangen.

Es wird viel diskutiert über die Fähigkeit unserer Nation, Krieg zu führen und gleichzeitig die Milliarden bereitzustellen, die für den Kampf gegen die Armut notwendig sind – die Armut von mehreren Zehnmillionen Menschen, die selbst in einer Wirtschaft mit einem Volumen von 800 Milliarden Dollar nicht verschwinden wird.

Theoretisch haben die USA die Mittel für beides, aber eine eiserne Logik sorgt dafür, daß wir nie beides freiwillig tun werden – und zwar aus folgenden Gründen:

1. Die Mehrheit im Kongreß und in der Administration hat sich – im Unterschied zur Mehrheit der Bevölkerung – ausschließlich der Durchführung des Krieges verschrieben. Man hat geschätzt, daß wir ca. 500 000 Dollar aufwenden, um einen einzigen feindlichen Soldaten in Vietnam zu töten, dennoch geben wir für jeden armen Amerikaner im Rahmen der Programme zur Bekämpfung der Armut nur ca. 53 Dollar aus. Gelder für militärische Zwecke stellt der Kongreß bereitwillig und großzügig zur Verfügung. Mit Geldern zur Bekämpfung der Armut geizt er und stellt sie nur unwillig und zögernd zur Verfügung. Die Regierung hat sich emotional dem Krieg verpflichtet. Den Bedürfnissen der Armen steht sie emotional feindlich gegenüber.

2. Die Regierung wird sich weigern, angemessene Mittel für innere Reformen bereitzustellen, denn finanzielle Reserven sind unerläßlich für militärische Abenteuer. Die Logik des Krieges verlangt, daß eine Nation ihren Reichtum für den unmittelbaren Kampf verwendet und gleichzeitig beträchtliche Reserven unterhält. Sie wird jeder Verminderung ihrer militärischen Macht widerstehen, die einträte, wenn Mittel für soziale Zwecke abgezogen würden.

Darin besteht der unvermeidliche Widerspruch zwischen Krieg und sozialem Fortschritt im Innern. Militärische Abenteuer müssen den Fortschritt im Inneren lähmen, um den militärischen Erfolg sicherzustellen. Aus diesem Grund haben die Armen und besonders die Neger ein doppeltes Interesse an Frieden und internationaler Harmonie.

Das soll nicht besagen, es sei nutzlos, für innere Reformen zu kämpfen. Im Gegenteil: wenn Menschen im Kampf entdecken, was ihren Fortschritt hemmt, dann begreifen sie die tatsächlichen Kosten des Krieges für ihr Leben.

Eine weitere tragische Folge des Krieges im Inneren ist seine destruktive Wirkung auf die jüngere Generation. Wir können nicht genug Mitgefühl mit denen haben, die in die Schlacht geschickt werden. Es wird immer deutlicher, wie viele Soldaten nicht den Zweck ihres Opfers verstehen können. Es ist in jedem Fall schrecklich zu töten, aber es ist psychologisch geradezu verheerend, wenn jemand zum Töten gezwungen wird, obgleich er an dessen Richtigkeit zweifelt.

Zu dieser Tragödie an der Front kommt noch etwas anderes: in der Heimat befinden sich junge Menschen in großer Verwirrung, was ihr extremes Verhalten weitgehend erklärt. Diese Generation hat nie eine ernste Wirtschaftskrise kennengelernt, aber sie hat etwas viel Schlimmeres kennengelernt. Sie ist die erste Generation der amerikanischen Geschichte, die vier Kriege in 25 Jahren erlebt hat: den Zweiten Weltkrieg, den Kalten Krieg, den Krieg in Korea und den Krieg in Vietnam. Sie ist die Generation der Kriege und zeigt ihre Narben in weitverbreitetem Drogenkonsum, in Entfremdung und fieberhafter Suche nach sinnlichen Vergnügen. Dennoch können wir diese junge Generation nicht die verlorene Generation nennen. Wir sind die verlorene Generation, wir sind unfähig, ihnen jene friedenerfüllte Gesellschaft zu bieten, die ihnen als amerikanisches Erbe versprochen wurde.

Schließlich ist festzustellen: die ganze Nation lebt in einem dreifachen Ring der Isolierung und Entfremdung. Die Regierung ist von der Mehrheit der Bürger entfremdet, die entweder einen Truppenrückzug, De-Eskalation oder ehrliche Verhandlungen wollen, aber nicht das, was ihnen jetzt präsentiert wird: eine ständige Verschärfung des Konflikts. Wenn in einer bedeutenden Stadt wie San Francisco 37 % der Bevölkerung in einem Referendum für einen sofortigen Truppenabzug stimmen, dann bedeutet das eine erstaunliche Zurechtweisung der Regierung. Hätten Jugendliche zwischen 18 und 21 Jahren abstimmen können, sie allein hätten vielleicht eine Majorität abgegeben. Was noch bedeutsamer erscheint: Wenn in den Fragebögen nicht nur die extreme Möglichkeit eines sofortigen Truppenabzugs genannt worden wäre, wenn vielmehr einige der von der Regierung abgelehnten zahlreichen Alternativen eingeschlossen worden wären, zweifellos hätte dann eine solide Mehrheit die Politik Washingtons abgelehnt. Diese Meinung hat auch der neue Oberbürgermeister von San Francisco vertreten.

Neben der Isolierung der Regierung von der Bevölkerung ist unsere nationale Isolierung innerhalb der Welt zu nennen. Im internationalen Bereich haben wir nicht einen einzigen bedeutenden

Verbündeten. Alle größeren Nationen haben ein aktives Engagement an unserer Seite vermieden. Wir sind einsamer denn je seit der Gründung unserer Republik. Schließlich sind wir ironischerweise gerade von den Menschen isoliert, denen wir zu helfen vorgeben: den Süd-Vietnamesen. Die den Krieg unterstützenden Gruppen erhielten bei den Wahlen in Südvietnam weniger als $1/8$ der Stimmen. Die meisten ländlichen Gebiete Südvietnams sind in der Hand des Vietkong. Die Armee Südvietnams hat ihre Teilnahme am Kampf derartig eingeschränkt, daß sie bald die erste pazifistische Armee in einem Krieg werden könnte. Der Krieg, der mit ein paar tausend Amerikanern als Beratern begann, ist fast völlig zu einem Krieg der Amerikaner geworden, ohne die Zustimmung des amerikanischen Volkes. Diese historische Isolierung kann nicht durch Selbstgerechtigkeit oder mit der erneuten Behauptung unbewiesener Gefahren durch eine bevorstehende Aggression Chinas rationalisiert werden. Die unglaubliche innere Unruhe in China legt die Vermutung nahe, daß China gegenwärtig nur sich selbst bedroht.

Innenpolitisch hat der Krieg eine tiefgehende Diskussion über das Wesen unserer Regierung in Gang gebracht. Wichtige Kongreßmitglieder und hervorragende Politologen stellen den Trend zu ekzessiver Macht der Exekutive in Frage. Senator George McGovern hat diese Sicht folgendermaßen zusammengefaßt: »In unserem Verfassungssystem darf der Kongreß nie wieder seine Macht aufgeben, indem er einen unbesonnenen und nicht erklärten Krieg dieser Art zuläßt. Unser Engagement in Südvietnam kam durch eine Serie von Entscheidungen der Exekutive zustande – wobei jede einzelne Entscheidung sehr zurückhaltend schien und doch einen Schritt zu einem weitergehenden Engagement bedeutete.

Die Entscheidungen der Administration – unter Einschluß des State Department, des C. I. A., des Pentagon, des A. I. D. und verschiedener privater Interessengruppen – haben eine größere Rolle gespielt als der Kongreß. Der Kongreß hat keinen Grund stolz zu sein auf seine Rolle in der traurigen Geschichte dieses sich ständig ausweitenden Krieges. Im großen und ganzen gab der Kongreß seine Einwilligung zu kaum verstandenen Aktionen der Administration. Die Kontrolle, die Diskussion und der Widerspruch, die seit 1965 vom Kongreß ausgingen, waren mutig und bewundernswert, kamen aber zu spät, um den törichten Kurs der verantwortlichen Politiker zu ändern. In Zukunft«, so schließt der Senator, »werden die Mitglieder des Kongresses und der Administration gut daran tun, sich an eine Mahnung von Edmund Burke, einem hervorragenden Gesetzgeber früherer Tage, zu halten: ›Ein gewissenhafter Mann läßt besondere Vorsicht walten, wenn es um Blutvergießen geht.‹«

Der Charakter unserer Regierung wird auch von der jungen Generation einer ernsthaften Prüfung unterzogen. Während der letzten Jahre habe ich vor Hunderttausenden von jungen Leuten in Colleges, in Slums, in Kirchen und Synagogen gesprochen. Ihre Kommentare und Fragen zeigen, wie sehr die Meinung an Boden gewinnt, daß das Unvermögen, die Regierung zu dringenden Reformen zu veranlassen, nicht die Folge oberflächlicher Unkenntnis, Lethargie und Voreingenommenheit, sondern systembedingt ist. Es wird heutzutage weitgehender über grundsätzliche strukturelle Änderungen in unserer Gesellschaft diskutiert als im letzten Jahrzehnt, wenn ich mich recht entsinne.

Bisher sind wir von einer Wiederbelebung des McCarthyismus verschont geblieben. Er droht ständig, aber noch hat er nicht fest Fuß fassen können. Es liegt nicht daran, daß die allgegenwärtigen Kongreß-Komitees nichts in dieser Richtung versucht hätten. Sie versuchen, alle massiv einzuschüchtern, aber ein gesunder Widerstand hält sie in Schach. Wir müssen ständig gegenüber dieser Gefahr auf der Hut sein, denn wenn dieses Übel zu den anderen kommt, dann haben wir die Tür zu weiterem nationalen Unglück geöffnet.

Wir tun gut, uns daran zu erinnern, daß die amerikanische Tradition ein starkes Element des Widerspruchs selbst in Kriegszeiten enthält. Während des Mexikanischen Krieges übte die intellektuelle Elite der Nation, Emerson, Thoreau und viele andere, vernichtende Kritik an der Politik der Regierung. Im Kongreß hielt ein relativ unbekannter, neugewählter Abgeordneter eine scharfe Ansprache, in der er den Krieg verurteilte. Der junge Abgeordnete war Abraham Lincoln aus Illinois. Zur gleichen Zeit war ein junger Armeeleutnant fast entschlossen, sein Offizierspatent aus Protest gegen den Krieg zurückzugeben. Sein Name war Ulysses Grant!

Am Ende dieser meiner Rede möchte ich meinen grundsätzlichen Optimismus dartun und jene so angemessenen Worte wiederholen, die der große Gewerkschaftsführer Eugene Debs sprach, als er vor Gericht stand, um für seinen Widerstand gegen den Ersten Weltkrieg verurteilt zu werden:

»Ich sehe den Anbruch eines besseren Tages für die Menschheit. Die Menschen, die zur rechten Zeit aufwachen, werden das erlangen, was ihnen zukommt. Wenn der Seemann über tropische Meere segelt und Befreiung von seiner ermüdenden Wache sucht, dann wendet er seine Blicke zum Kreuz des Südens, das fahl über dem sturmdurchwühlten Ozean ruht. Wenn die Mitternacht näherrückt, dann beginnt sich das Kreuz des Südens zu neigen. Dann suchen sich die wirbelnden Welten ihren Platz, und mit Sternenzeichen zeigt der Allmächtige die Seite der Zeit auf dem Zifferblatt des Universums an. Und obwohl keine Glocke die frohe Nachricht verkündet, weiß der Späher: die Mitternacht vergeht – Erleichterung und Ruhe sind nahe. Laßt die Menschen überall Mut und Hoffnung fassen, denn das Kreuz neigt sich, die Mitternacht vergeht und Freude kommt mit dem Morgen.«

6. Vietnam geht uns alle an*

Liebe Amtsbrüder und Laien in Sorge um Vietnam, meine lieben Brüder und Schwestern, ich brauche wohl nicht einzuhalten, um zu betonen, wie sehr ich mich freue, hier in dieser Gemeinschaft der Sorge zu sein. Es ist großartig zu erleben, wie so viele von Ihnen sich trotz ihres vollen Terminkalenders die Zeit genommen haben, hierher nach Washington zu kommen, um ein Zeugnis zu geben. Ich brauche Sie wohl nicht daran zu erinnern, daß es schwierige Zeiten sind, in denen wir leben. In diesen Tagen emotionaler Spannung, da die Weltprobleme im Ausmaß gigantisch und in der Struktur chaotisch sind, sind wir in den Kirchen und Synagogen stärker als je zuvor herausgefordert, für Gerechtigkeit und Frieden einzutreten. Wissenschaftlich und technologisch hat unsere Nation die ganze Welt zweifellos an eine ehrfurchtgebietende Schwelle der Zukunft gebracht. Wir haben Maschinen konstruiert, die denken, und Instrumente, die die unergründlichen Regionen des interstellaren Weltraums erforschen. Wir haben riesige Brücken über die Meere gebaut, und gigantische Gebäude, die an den Himmel reichen. Mit unseren Raumschiffen sind wir in ozeanische Tiefen gedrungen, und mit unseren Flugzeugen haben wir Entfernungen zusammenschrumpfen lassen und der Zeit Fesseln angelegt. Wirklich ein blendendes Bild technologischen und wissenschaftlichen Fortschritts in Amerika!

Aber trotz alledem fehlt etwas Fundamentales. Und eben darüber möchte ich heute nachmittag ein paar Worte sagen. Trotz allen wissenschaftlichen und technologischen Fortschritts leiden wir unter der Armut des Geistes, die in schreiendem Gegensatz zu all unserem materiellen Überfluß steht. Diesem Dilemma sieht sich unsere Nation gegenüber, und diesem Dilemma müssen wir als Geistliche und Laien uns stellen. Jeder von uns lebt in zwei Lebensbereichen – dem »Inneren« und dem »Äußeren«. Das »Inne-

* Rede am 6. Februar 1968 auf der Jahreskonferenz der Vereinigung »Geistliche und Laien in Sorge um Vietnam« in Washington, D. C.

re« unseres Lebens ist jener Bereich geistiger Ziele, der in unserer Literatur, Moral und Religion seinen Ausdruck findet.

Das »Äußere« unseres Lebens ist jener Komplex von Vorrichtungen, Techniken, Mechanismen und Instrumenten, mit deren Hilfe wir leben. Das Problem, vor dem wir heute stehen, ist dies: wir haben zugelassen, daß das »Innere« unseres Lebens vom »Äußeren« absorbiert wird. Henry David Thoreau hat einst etwas ausgesprochen, was heute noch Gültigkeit hat. In einem sehr eindrucksvollen Wort sprach er von verbesserten Mitteln für nicht verbesserte Ziele. Ja, das ist die Tragödie, daß wir an einer bestimmten Stelle unseres Weges als Nation den Mitteln, durch die wir leben, den Vorrang gelassen haben vor den Zielen, für die wir leben. Folglich leiden wir an einem geistigen und moralischen Rückstand, der aufgehoben werden muß, wenn wir überleben und eine moralische Grundposition behalten wollen.

Nichts überzeugt mich mehr davon, daß wir an diesem moralischen Rückstand leiden, als unsere Teilnahme am Vietnamkrieg. Unsere Verwicklung in diesen grausamen, sinnlosen und ungerechten Krieg ist ein tragischer Ausdruck des geistigen Rückstandes der Amerikaner. Darum müssen wir uns mit dem Krieg und seinen verheerenden Folgen auseinandersetzen: denn wir alle wissen Bescheid. Wir alle wissen, daß der Vietnamkrieg den militärisch-industriellen Komplex in unserer Nation gestärkt hat. Wir wissen, daß der Vietnamkrieg die reaktionären Kräfte in unserer Nation gestärkt hat. Wir wissen, daß der Vietnamkrieg die Spannungen zwischen den Kontinenten und Rassen verschlimmert hat. Und es hilft auch Amerika bzw. seinem sogenannten Image nicht, daß es die mächtigste und reichste Nation der Welt ist, die sich im Krieg mit einer der kleinsten und ärmsten Nationen befindet, deren Bevölkerung zufällig farbig ist. Dies kann nicht oft genug betont werden: eine überwiegend weiße Nation befindet sich im Krieg mit einer der ärmsten und kleinsten Nationen, deren Bewohner zufällig Farbige sind. Das führt eine Nation, das führt Amerika so weit, daß es seine eigene Seele verliert, wenn nichts geschieht. Aber nicht nur das. Der Vietnamkrieg hat verheerende Folgen für unsere innenpolitischen Ziele. Bedenken wir: unsere Regierung gibt etwa 500 000 Dollar aus, um einen Vietkong-Soldaten zu töten, während sie etwa 53 Dollar jährlich für jeden Armen ausgibt im sogenannten Krieg gegen die Armut, der noch nicht einmal ein ordentliches Scharmützel gegen die Armut ist.

Wenn wir uns umsehen, müssen wir feststellen: unsere Prioritäten sind falsch geordnet. Präsident Johnson berührte diese Frage neulich abend in seinem Bericht zur Lage der Nation. Er sprach von all den wunderschönen neuen Schnellstraßen und Autos – etwa 8 Millionen neue Autos fahren jährlich auf diesen Schnellstraßen. Er sprach von unserem materiellen Überfluß. Und dann sagte er etwas, was eine Antwort erfordert. Er fuhr nämlich fort mit der Bemerkung, es sei dennoch eine gewisse Ruhelosigkeit im Land. Er sagte, es werde so viel in Frage gestellt. Und ich möchte dazu bemerken: Es besteht eine Ruhelosigkeit in unserem Land, weil unser Land keine Zielvorstellung, kein angemessenes Gefühl für Politik und Prioritäten zu haben scheint. Darauf ist die Unruhe zurückzuführen. Jesu Worte sind immer noch zutreffend: Was nützt es einer Generation, was nützt es einer Nation, die ganze Welt der technischen Mittel, der Fernsehgeräte, der Automobile und des elektrischen Lichts zu besitzen und schließlich doch ihre Seele zu verlieren. Die Worte Jesu sind auch in einem anderen Sinne noch wahr. Der Mensch lebt nicht vom Brot des Farbfernsehers allein, sondern von einem jeglichen Wort, von jeglichem Wort der Liebe, der Gerechtigkeit, der Wahrheit, von jeglichem Wort, das aus dem Munde Gottes kommt. Und das Problem besteht genau darin, daß zu viele Menschen in Machtpositionen versuchen, Amerika von den falschen Dingen leben zu lassen.

Deshalb bewegen wir uns in der falschen Richtung. Dieser Krieg hat verheerende Folgen für unsere innenpolitischen Ziele. Aus den genannten Gründen führen wir gegenwärtig zwei Kriege – einer ist der ungerechte Krieg in Vietnam. Wir gewinnen diesen Krieg nicht, weil er einfach nicht zu gewinnen ist. Und sicher werden wir auch den anderen Krieg, in dem wir kämpfen sollten, nämlich den Krieg gegen die Armut, nicht gewinnen. Wir gewinnen diesen Krieg nicht, weil wir einen Krieg 13 000 km von unserer Heimat entfernt zu gewinnen suchen und weil es zu viele Menschen gibt, die nicht bereit sind, die Probleme der Armen anzupacken.

Es gibt Kriege, in denen die Menschen Kriegsdienstverweigerer aus Gewissensgründen sein sollten. Wenn ich vor der Entscheidung stünde, ich würde den Kriegsdienst in Vietnam verweigern. Aber es gibt auch andere Kriege, in denen wir keine Kriegsdienstverweigerer sein dürfen. Doch allzu viele Menschen versuchen, den Dienst im Krieg gegen die Armut zu verweigern. Jeder sollte sich hier engagieren.

Der Krieg hat nicht nur verheerende Folgen für unsere innenpolitischen Ziele, er hat auch das Schicksal der ganzen Welt aufs Spiel gesetzt. Es wird Zeit, daß wir dies zu begreifen beginnen. Ich habe vor einiger Zeit gesagt – und die Presse fiel daraufhin über mich her –, ja, ich will es heute noch einmal sagen, wenn es mir auch leid tut, es sagen zu müssen: wir leben in einer Nation, die gegenwärtig der größte Lieferant von Gewalt in der Welt ist. Jede Nation, die fast 80 Milliarden Dollar aus dem Jahreshaushalt für Verteidigungszwecke aufwendet und durch das Pentagon schleust – und hier und dort ein Almosen für soziale Reformen ausgibt, nähert sich ihrem eigenen geistigen Verderben. Ich betone immer wieder, es muß sich etwas ändern. Wir haben das Schicksal der ganzen Welt aufs Spiel gesetzt und die ganze Welt einer nuklearen Konfrontation nähergebracht. Wir müssen irgendwie zeigen, daß wir uns um das Überleben der Welt Sorgen machen – zu einer Zeit, in der Sputniks und Geminis durch den Weltenraum rasen und ferngesteuerte Raketengeschosse Straßen des Todes in der Atmosphäre hinterlassen; zu einer Zeit, in der letztlich niemand einen Krieg gewinnen kann. Die Wahl zwischen Gewalt und Gewaltlosigkeit besteht nicht mehr. Entweder Gewaltlosigkeit oder Nicht-Existenz. Die Alternative zur Abrüstung, die Alternative zu einer allgemeinen Einstellung von Atomtests, die Alternative zu einer Stärkung der Vereinten Nationen und damit zu einer weltweiten Abrüstung wird eine in den Abgrund der Vernichtung gestürzte Zivilisation sein. Unsere irdische Heimat wird dann in ein Inferno verwandelt werden, das selbst ein Dante sich nicht hätte vorstellen können. Das sollten wir bedenken und nachdrücklich und leidenschaftlich für den Frieden arbeiten. Sie wissen, in der Freiheitsbewegung pflegen wir ein Lied zu singen, das auf ein Spiritual zurückgeht.

Ich hoffe, wir werden es weiter singen, auch in der Friedensbewegung. Ich meine, wir müssen singen: »Niemand soll mich in die Flucht schlagen.« Wir müssen Amerika, der Regierung und den Gerichten deutlich machen, daß wir als Geistliche und Laien Bill Coffin völlig unterstützen – und jene anderen, die unter der lächerlichen Anklage der Verschwörung stehen. Wir müssen das der Nation deutlich machen.

Ja, wir lassen uns von niemandem und nichts in die Flucht schlagen. In dieser gerechten Sache und in diesem gerechten Kampf für den Frieden sollen uns nicht irgendwelche Anklagen in die Flucht schlagen; der Versuch, abweichende Meinungen zu unterdrücken, soll uns nicht in die Flucht schlagen; auch diejenigen, die abweichende Meinungen mit mangelnder Loyalität gleichzusetzen versuchen, sollen uns nicht in die Flucht schlagen. Ich bin an einen Punkt gekommen, wo ich sage: auch Gefängnisse sollen uns nicht aufhalten, wenn es sein muß. Wenn der Vietnamkrieg nicht beendet wird, dann werden wir bald eine Nation sein, in der sich einige der besten jungen Männer im Gefängnis befinden. Vor einigen Wochen wurde an der Harvard Universität, einer der bedeutendsten Universitäten der Welt, eine Umfrage durchgeführt. Dabei erklärten 24 % der befragten Studenten, sie würden eher ins Gefängnis gehen oder das Land verlassen als im Vietnamkrieg zu dienen. 96 % der Befragten lehnten die Vietnampolitik der Regierung ab, das Gleiche ist auch anderswo zu beobachten. Junge Männer finden diesen Krieg verwerflich und schändlich und sagen: wir können nicht mehr mit gutem Gewissen dienen. Und wir als Geistliche, wir als Pastoren, Rabbiner oder Priester müssen ständig an der Seite dieser jungen Menschen bei ihren Gewissensentscheidungen stehen. Dazu sind wir ordiniert.

Ich bin noch immer der Überzeugung, daß der Kampf für den Frieden und der Kampf für die Bürgerrechte, wie wir ihn in Amerika zu nennen pflegen, miteinander verknüpft sind. Diese beiden Anliegen sind auf mancherlei Weise miteinander verknüpft. Es ist eine wunderbare Sache, sich für die Rassenintegration an Imbißtheken, in öffentlichen Einrichtungen und Schulen einzusetzen.

Aber es wäre absurd, sich für die Rassenintegration an Imbißtheken und in Schulen einzusetzen, sich aber nicht um das Überleben der Welt zu kümmern, in die hinein die Integration erfolgen soll. Ich bin überzeugt, daß diese beiden Probleme untrennbar miteinander verknüpft sind. Ich meine, Menschen, die für den Frieden arbeiten, arbeiten zugleich für Bürgerrechte und Gerechtigkeit.

Wir haben ein gravierendes Problem in unserem Land: gerade jetzt herrscht eine wirtschaftliche Depression. Sie betrifft die Armen, und deshalb wird sie nicht Depression genannt. Wenn sich Arme bzw. Neger tief in einer wirtschaftlichen Depression befinden, dann sprechen wir von einem sozialen Übel, aber wenn weiße Bürger massenhaft arbeitslos sind, dann sprechen wir von einer Depression. Die Neger sehen sich einer Depression ausgesetzt. Statistiken offenbaren, daß die Arbeitslosigkeit unter Negern bei etwa 8,4 % liegt. Was sie nicht offenbaren, ist die Tatsache, daß diese Zahlen nur von denen ausgehen, die bei den Arbeitsämtern um Arbeit nachsuchen oder früher im Arbeitsprozeß waren. Sie schließen nicht diejenigen ein, die wir die Entmutigten nennen, Menschen, die aufgegeben haben, Menschen, vor deren Nase so viele Türen zugeschlagen wurden, Menschen, die jegliche Motivation verloren haben, Menschen, die das Gefühl haben, das Leben sei ein langer und öder Korridor ohne Ausgänge. Sie suchen nicht mehr nach einer Arbeitsstelle, und deshalb dürfte die Arbeitslosenrate unter den erwachsenen Negern ca. 16–17 % betragen. Bei den jugendlichen Negern liegt die Arbeitslosenrate wahrscheinlich bei 30 %, in manchen Fällen sogar bei 40 %. Diese Depression ist nun wirklich bedenklicher als die der 30er Jahre.

Arbeitslosigkeit ist nicht mehr das einzige Problem. Ein noch größeres Problem ist die Unterbeschäftigung. Die meisten Armen in unserem Land arbeiten jeden Tag, aber damit ist noch nicht alles gesagt: Sie arbeiten hier in Washington und in anderen Städten. Sie arbeiten in unseren Hotels und säubern unsere Zimmer, wenn wir durch das ganze Land reisen, um Konferenzen zu besuchen. Sie arbeiten in unseren Krankenhäusern, sie arbeiten in unseren Wohnungen. Die meisten von ihnen sind Hausangestellte. Die meisten von ihnen arbeiten jeden Tag, manchmal 60 Stunden in der Woche. Sie arbeiten ganztägig und erhalten Teilzeitlöhne. Das sind Probleme, die sehr real sind.

Wir haben eine Unterschicht in unserer Nation entwickelt, und wenn wir aus dieser Unterschicht keine arbeitende Schicht machen, werden wir weiterhin Probleme haben. Die Bitterkeit als Folge dieser Probleme sitzt jetzt sehr tief. Wir von der »Südlichen Christlichen Führungskonferenz« sind der Auffassung, daß wir nicht faul daneben stehen können, während die Probleme weiter zunehmen. Wir müssen sie bekämpfen. Wir sind der Auffassung, daß es jetzt an der Zeit ist, eine Bewegung ähnlich wie in Selma oder Birmingham zu schaffen, um die wirtschaftlichen Probleme anzupacken, denen die Armen unserer Nation ausgesetzt sind. Wenn ich von armen Leuten spreche, dann rede ich nicht nur von schwarzen Menschen. Ich bin mir der Tatsache bewußt, daß es viele Arme unter den Puerto-Ricanern gibt. Ich rede von der Gruppe der Mexikaner, von der Gruppe der Indianer. Ich rede von der Gruppe der Weißen im Appalachia-Gebiet. Ich rede von Macht für die Armen.

7. Ich bin auf dem Gipfel des Berges gewesen*

Ich freue mich über jeden von euch, der heute abend hier ist, trotz einer »Sturmwarnung«. Ihr zeigt, daß ihr in jedem Fall weitermachen wollt. Es geschieht etwas in Memphis, es geschieht etwas in unserer Welt. Wißt ihr, wenn ich am Anfang der Zeit stünde und die Möglichkeit hätte, so etwas wie einen allgemeinen Überblick über die ganze Menschheitsgeschichte bis zum heutigen Tag zu gewinnen, und wenn Gott, der Allmächtige, zu mir sagen würde: »Martin Luther King, in welchem Zeitalter würdest du gern leben?«, dann würde ich meinen geistigen Flug in Ägypten beginnen. Und ich würde Gottes Kinder beobachten bei ihrem wunderbaren Treck aus den dunklen Kerkern Ägyptens durch das Rote Meer, durch die Wüste zum Gelobten Land.
Trotz dieses großartigen Anblicks würde ich dort nicht stehenbleiben. Ich würde mich weiterbewegen und meinen Geist zum Olymp erheben. Und ich würde Plato, Aristoteles, Sokrates, Euripides und Aristophanes um den Parthenon versammelt sehen bei ihren Diskussionen über die großen und ewigen Menschheitsfragen. Aber ich würde dort nicht stehenbleiben. Ich würde mich weiterbewegen, zur Blütezeit des römischen Imperiums. Und ich würde die Entwicklungen unter den verschiedenen Imperatoren erleben. Aber ich würde dort nicht stehenbleiben. Ich würde sogar vordringen in das Zeitalter der Renaissance und einen kurzen Eindruck von den kulturellen und ästhetischen Leistungen der Renaissance erhalten. Aber ich würde dort nicht stehenbleiben. Ich würde sogar dort hingehen, wo der Mann, nach dem ich genannt worden bin, seine Heimat hatte. Und ich würde Martin Luther beobachten, wie er die 95 Thesen an die Kirchentür in Wittenberg nagelt. Aber ich würde dort nicht stehenbleiben. Ich würde vordringen zum Jahr 1863 und beobachten, wie ein un-

* Ansprache in der Mason Temple Church in Memphis, gehalten am 3. April 1968, am Abend vor seiner Ermordung, im Rahmen des Müllarbeiterstreiks.

schlüssiger Präsident mit dem Namen Abraham Lincoln schließlich zu der Überzeugung gelangt, daß er die Emanzipationsproklamation unterzeichnen muß. Aber ich würde dort nicht stehenbleiben. Ich würde vordringen zu den frühen dreißiger Jahren und sehen, wie ein Mann mit dem Problem des nationalen Bankrotts ringt. Und wie er beschwörend ausruft, daß wir nichts außer der Furcht zu fürchten haben. Aber ich würde dort nicht stehenbleiben.

So seltsam es anmuten mag: ich würde mich an den Allmächtigen wenden und sagen: »Wenn Du mir erlaubst, nur ein paar Jahre in der 2. Hälfte des 20. Jahrhunderts zu leben, dann bin ich glücklich.« Freilich, das ist eine seltsame Erklärung, denn die Welt ist in ziemlicher Unordnung. Unsere Nation ist krank. Unruhe ist im Land. Verwirrung überall. Es ist eine seltsame Erklärung. Aber irgendwie weiß ich, daß man nur dann, wenn es dunkel genug ist, die Sterne sehen kann. Und ich sehe Gott am Werk in diesem Abschnitt des 20. Jahrhunderts – und zwar so, daß Menschen auf seltsame Weise antworten. Es geschieht etwas in unserer Welt. Große Menschenscharen erheben sich. Wo sie auch sind – sie sind ein Zeichen. Ob sie in Johannesburg (Südafrika), Nairobi (Kenia), Accra (Ghana), New York City, Atlanta (Georgia), Jackson (Mississippi) oder in Memphis (Tennessee) sind – der Schrei ist stets der gleiche: »Wir wollen frei sein!«

Ein weiterer Grund, warum ich glücklich bin, in dieser Epoche zu leben, ist dieser: wir sind gezwungenermaßen an einen Punkt gekommen, wo wir uns mit Problemen auseinandersetzen müssen, die in der Geschichte der Menschheit schon lange existieren, zu deren Lösung aber nie ein Zwang bestand. Wenn wir überleben wollen, müssen wir sie anpacken. Die Menschen haben jahrelang über Krieg und Frieden geredet. Aber jetzt können sie nicht mehr darüber reden. Es gibt in dieser Welt keine Wahl mehr zwischen Gewalt und Gewaltlosigkeit. Entweder Gewaltlosigkeit oder Nicht-Existenz. Genau an diesem Punkt stehen wir heute. So auch in der Revolution, in der es um die Menschenrechte geht. Wenn nichts getan wird – und zwar schnell –, um die farbigen Völker der Welt aus ihrem seit langem bestehenden Zustand der Armut, der Kränkung und der Vernachlässigung herauszubringen, dann ist die ganze Welt zum Untergang verurteilt.

Ja, ich bin wirklich glücklich, daß Gott mir erlaubt hat, in dieser Periode zu leben, damit ich sehe, was sich schon entwickelt. Ich bin glücklich, daß er mir erlaubt hat, in Memphis zu sein. Ich kann mich erinnern, wie Neger – nach den Worten von Ralph (Abernathy) – umhergingen und sich kratzten, wo es nicht juckte, und lachten, wenn sie nicht gekitzelt wurden. Aber jene Zeit ist vorbei. Wir meinen es ernst, und wir sind entschlossen, unseren rechtmäßigen Platz in Gottes Welt zu gewinnen. Das ist es, worum es bei dieser ganzen Angelegenheit geht. Wir haben uns nicht in negativem Protest oder irgendwelchen negativen Streitereien mit irgend jemand engagiert. Wir sagen, daß wir entschlossen sind, Mensch zu sein. Wir sind entschlossen, jemand zu sein. Wir sagen, daß wir Gottes Kinder sind. Und deshalb nicht leben müssen, wie wir gezwungen werden zu leben.

Nun, was bedeutet das alles in dieser hervorragenden Periode der Geschichte? Es bedeutet, daß wir zusammenhalten müssen. Wir müssen zusammenhalten und Einheit bewahren. Ihr wißt, immer wenn der Pharao die Sklaverei in Ägypten verlängern wollte, hatte er ein bevorzugtes Mittel dafür. Welches? Er ließ die Sklaven untereinander streiten. Aber sobald sich die Sklaven zusammentun, geschieht etwas am Hof des Pharao, und dann kann er die Sklaverei nicht mehr aufrechterhalten. Kommen die Sklaven zusammen, dann kommen sie bald heraus aus der Sklaverei. Deshalb laßt uns Einheit bewahren! Zweitens: Laßt uns die Probleme dort sehen, wo sie sind! Das Problem heißt: Ungerechtigkeit. Das Problem ist die Weigerung der Stadt Memphis, fair und ehrlich im Umgang mit ihren Angestellten zu sein, die in diesem Falle Müllarbeiter sind. Wir müssen unsere Aufmerksamkeit weiter auf dieses Problem richten und nicht auf die kleinen Gewaltausbrüche. Ihr wißt, was neulich passierte. Die Presse erwähnte nur die Zerstörung einiger Fenster. Ich habe die Zeitungsartikel gelesen. Äußerst selten gingen sie so weit zu erwähnen, daß 1300 Müllarbeiter streikten, und daß die Stadt Memphis nicht fair zu ihnen war, und daß Oberbürgermeister Loeb unbedingt einen Arzt braucht. So weit ging die Berichterstattung nicht.

Jetzt werden wir wieder marschieren. Wir müssen es, um zu zeigen, wo das Problem liegt. Um jedem vor Augen zu führen, daß hier 1300 von Gottes Kindern leiden. Manchmal sind sie hungrig, manchmal erleben sie dunkle und traurige Nächte und fragen sich, wie diese Sache ausgehen wird. Darum geht es. Und wir müssen unserer Nation sagen: wir wissen, wie sie ausgeht. Denn wenn Menschen ergriffen sind von dem, was recht ist, und wenn sie dafür Opfer zu bringen bereit sind, dann gibt es keinen Halt kurz vor dem Sieg.

Kein Knüppel wird uns aufhalten. Wir verstehen es meisterhaft in unserer gewaltlosen Bewegung, Polizeikräfte zu entwaffnen; sie wissen nicht, was sie tun sollen. Ich habe sie so oft gesehen. Ich entsinne mich, wie wir während jenes großen Kampfes in Birmingham (Alabama) jeden Tag von der Baptistischen Kirche in der 16. Straße losmarschierten, zu Hunderten zogen wir aus. Und »Bull« Connor befahl den Polizisten, die Hunde loszulassen, und sie kamen. Aber wir sangen vor den Hunden: »Ich werde vor niemandem weglaufen«. Dann befahl »Bull« Connor: »Dreht die Wasserschläuche auf!« Wie ich euch schon sagte, »Bull« Connor kannte die Geschichte nicht. Er kannte eine Art Physik, die irgendwie nicht zu der Trans-Physik paßte, von der wir wußten. Es war die Tatsache, daß da ein bestimmtes Feuer war, das kein Wasser löschen konnte. Wir stellten uns den Wasserschläuchen entgegen. Wir kannten Wasser. Wer zu den Baptisten oder einer verwandten Denomination gehörte, war untergetaucht worden; wer zu den Methodisten und einigen anderen Denominationen gehörte, war besprengt worden. In jedem Fall waren wir mit Wasser vertraut. Sie konnten uns nicht aufhalten.

Wir gingen einfach auf die Hunde zu und schauten sie an, wir gingen einfach auf die Wasserschläuche zu und schauten sie an, und dabei sangen wir: »Über meinem Kopf sehe ich Freiheit in der Luft«. Dann wurden wir in Polizeiwagen geworfen, manchmal zusammengepfercht wie Ölsardinen in einer Büchse. Und »Bull« Connor rief: »Fahrt sie fort!« Das taten sie auch, während wir im Gefängniswagen weiter sangen: »Wir werden siegen.« Gelegentlich landeten wir im Gefängnis, und wir sahen, wie unsere Gebete, Worte und Lieder die Gefängnis-Wärter bewegten, die durch die Fenster schauten. Es existierte dort eine Macht, mit der »Bull« Connor nicht fertig wurde. So verwandelten wir schließlich den »Bullen« Connor in einen jungen Ochsen und gewannen den Kampf in Birmingham.

Jetzt müssen wir in Memphis ebenso vorangehen. Ich fordere euch auf, dabei zu sein, wenn wir am Montag losmarschieren. Was die einstweilige Verfügung betrifft: wir werden morgen vor Gericht gehen, um diese illegale und verfassungswidrige einstweilige Verfügung zu bekämpfen.

Wir sagen zu Amerika nicht mehr als dies: »Stehe zu dem, was du auf dem Papier versprochen hast.« Wenn ich in China oder Rußland oder irgendeinem totalitären Land lebte, dann könnte ich vielleicht diese illegalen einstweiligen Verfügungen verstehen. Dann könnte ich vielleicht die Verweigerung gewisser Grundrechte aus dem 1. Zusatz zur Verfassung verstehen, weil sie sich in jenen Ländern nicht darauf verpflichtet haben. Aber irgendwo lese ich etwas von Versammlungsfreiheit, von Redefreiheit, von Pressefreiheit; irgendwo lese ich, daß die Größe Amerikas in dem Recht besteht, für das Recht zu protestieren. Und deshalb sage ich: uns werden keine Hunde oder Wasserwerfer zur Umkehr bringen, uns wird keine einstweilige Verfügung zur Umkehr bringen. Wir marschieren weiter.

Wir brauchen euch alle. Wißt ihr, ich finde es wunderbar, all diese Prediger des Evangeliums zu sehen. Es ist ein herrliches Bild. Von wem darf man mit größerem Recht erwarten, daß er die Sehnsüchte und Hoffnungen der Menschen artikuliert, als vom Prediger? Ein Prediger muß eine Art Feuer in seinem Gebein verschlossen haben. Und wo ihm Ungerechtigkeit begegnet, da muß er sie beim Namen nennen. In gewisser Weise muß der Prediger ein Amos sein und sagen: »Wenn Gott spricht, wer muß dann nicht prophezeien?« Wie Amos muß er sagen: »Es ströme aber wie Wasser das Recht und die Gerechtigkeit wie ein nie versiegender Bach.« In gewisser Weise muß der Prediger mit Jesus sagen: »Der Geist des Herrn ruht auf mir, denn er hat mich gesalbt. Er hat mich gesalbt, die Probleme der Armen aufzugreifen.« Ich möchte die Pastoren loben, die Führung, die diese edlen Männer bedeuten – James Lawson, der an unserem Kampf seit Jahren beteiligt ist; für diesen Kampf kam er ins Gefängnis; für diesen Kampf wurde er von der Vanderbilt University ausgeschlossen. Aber er macht immer noch weiter und kämpft für das Recht seiner Leute. Pastor Ralph Jackson, Pastor Billy Kyles ... ich könnte in der Aufzählung fortfahren, aber die Zeit läßt es nicht zu. Doch ich möchte ihnen allen danken.

Ich möchte ihnen danken, weil Pastoren oft mit nichts, außer mit sich selbst beschäftigt sind. Ich bin jedesmal glücklich, wenn ich Pastoren sehe, die einen sinnvollen Dienst tun.

Es ist nicht falsch, über »lange weiße Gewänder dort drüben« zu reden, dies Symbol hat seine Berechtigung. Aber letztlich wollen die Menschen Kleider und Schuhe hier unten auf der Erde tragen. Es ist nicht falsch, über Straßen zu reden, in denen Milch und Honig fließt, aber Gott hat uns befohlen, uns um die Slums hier unten zu sorgen, und um seine Kinder, die nicht einmal drei ausreichende Mahlzeiten pro Tag erhalten. Es ist nicht falsch, über das neue Jerusalem zu reden, aber eines Tages muß ein Prediger Gottes über das neue New York, das neue Atlanta, das neue Los Angeles, das neue Philadelphia und das neue Memphis (Tennessee) reden. Das ist unsere Aufgabe.

Was wir noch tun müssen, ist dies: unsere direkte Aktion mit der Macht eines wirtschaftlichen Boykotts verbinden. Zugegeben: wir sind arme Leute. Als Individuen sind wir arm im Vergleich zu den weißen Amerikanern. Wir sind arm. Aber bleibt nicht bei dieser Erkenntnis stehen, vergeßt nicht, daß wir kollektiv – d. h. wir alle zusammen – reicher sind als alle Nationen der Welt – von neun Staaten abgesehen. Habt ihr das schon gewußt? Wenn wir von den USA, der UdSSR, Großbritannien, West-Deutschland, Frankreich und einigen anderen Ländern, die ich jetzt nicht aufzählen will, absehen, dann sind wir, die amerikanischen Neger in ihrer Gesamtheit, reicher als die meisten Länder der Erde. Unser jährliches Einkommen beträgt mehr als 30 Milliarden Dollar, ein Betrag, der größer ist als das Exportvolumen der USA und größer als der Staatshaushalt Kanadas. Wußtet ihr das? Das bedeutet Macht, wenn wir sie zu sammeln verstehen.

Wir brauchen uns mit niemand zu streiten. Wir brauchen nicht zu fluchen oder böse Worte zu verlieren. Wir benötigen keine Steine und Flaschen. Wir benötigen keine Molotow-Cocktails. Wir müssen nur zu den Geschäften und den Großindustrien in unserem Land gehen und sagen: »Gott hat uns hierher geschickt, um zu sagen, daß ihr seine Kinder nicht richtig behandelt. Ihr sollt, das fordern wir von euch, faire Behandlung der Kinder Gottes zum ersten Punkt eurer Tagesordnung machen. Freilich, wenn ihr dazu nicht bereit seid, dann haben wir eine Tagesordnung, der wir folgen müssen. Unsere Ordnung verlangt von uns, euch die wirtschaftliche Unterstützung zu entziehen.«

Deshalb bitten wir euch heute abend: geht zu euren Nachbarn und sagt ihnen, sie sollen keine Coca Cola in Memphis kaufen. Geht und sagt ihnen, sie sollen keine »Sealtest«-Milch kaufen. Sagt ihnen, sie sollen kein – wie heißt es doch noch? – kein »Wonder«-Brot kaufen. Und wie heißt die andere Brotfirma, Jesse? ... Sagt ihnen, sie sollen kein »Hartz«-Brot kaufen. Wie Jesse Jackson gesagt hat: bisher haben nur die Müllarbeiter Schmerzen gefühlt, nun müssen wir die Schmerzen gleichsam neu verteilen. Wir haben diese Firmen ausgesucht, weil ihre Einstellungspraktiken unfair sind. Wir haben diese Firmen ausgesucht, weil sie damit anfangen können zu erklären, daß sie für die Rechte der

Streikenden eintreten werden. Außerdem können sie Oberbürgermeister Loeb veranlassen, das Richtige zu tun.

Nicht nur das: wir müssen auch die von Schwarzen kontrollierten Institutionen stärken. Ich fordere euch auf, euer Geld aus den Banken in der Innenstadt abzuziehen und in der »Tri-State«-Bank zu deponieren. Wir streben eine »bank-in«-Bewegung in Memphis an. Geht zur Spar- und Darlehnskasse. Ich verlange nichts von euch, was wir in der SCLC nicht selbst tun. Richter Hooks und andere können euch bestätigen, daß die SCLC ein Konto bei der Spar- und Darlehnskasse hat. Wir sagen nur: Schließt euch an! Zahlt euer Geld dort ein! Es gibt 6 oder 7 Versicherungsgesellschaften hier in Memphis, die von Schwarzen kontrolliert werden. Schließt eure Versicherungen (insurance) dort ab. Wir streben ein »insurance-in« an. Das sind ein paar praktische Dinge, die wir tun können. Wir beginnen so allmählich, eine breite ökonomische Basis herzustellen. Gleichzeitig üben wir dort Druck aus, wo er wirklich spürbar ist. Ich bitte euch, laßt hier nicht nach!

Laßt mich, bevor ich meine Rede beschließe, noch dies sagen: wir müssen diesen Kampf bis zum Ende führen! Es wäre tragisch, wenn wir zum jetzigen Zeitpunkt in Memphis aufhören würden. Wir müssen den Konflikt durchstehen bis zum Ende.

Wenn wir unseren Marsch durchführen, dann müßt ihr dabei sein. Auch wenn ihr der Arbeit oder der Schule fernbleiben müßt: seid dabei! Kümmert euch um eure Brüder! Vielleicht gehört ihr selber nicht zu den Streikenden. Aber bedenkt: entweder erheben wir uns gemeinsam, oder wir gehen gemeinsam unter. Laßt uns eine Art gefährlicher Selbstlosigkeit entwickeln.

Eines Tages kam ein Mann zu Jesus. Er wollte einige Fragen zu Grundproblemen des Lebens stellen. An einigen Stellen wollte er Jesus überlisten und ihm zeigen, daß er mehr wußte als Jesus, und ihn in Verlegenheit bringen. Zweifellos hätte jene Anfrage leicht in einer philosophischen oder theologischen Debatte enden können. Aber Jesus holte die Anfrage sofort aus der Höhe der Abstraktion und machte sie gleichsam fest an einer gefährlichen Kurve zwischen Jerusalem und Jericho. Und er erzählte von einem Mann, der unter die Räuber gefallen war. Wie ihr wißt, gingen ein Levit und ein Priester auf der anderen Straßenseite an ihm vorbei. Sie hielten nicht an, um ihm zu helfen. Schließlich kam ein Mann vorbei, der einer anderen Rasse angehörte. Er stieg von seinem Tier und beschloß, sich in seiner Situation nicht durch andere vertreten zu lassen. Vielmehr beugte er sich zu ihm, leistete erste Hilfe und half dem Mann in Not. Jesus beendete die Erzählung mit der Erklärung: das war ein guter Mensch, das war ein großer Mensch, weil er es fertigbrachte, sich mit seinem »Ich« in das »Du« zu versetzen und sich um seinen Bruder zu sorgen.

Oft strengen wir unsere Phantasie an, um herauszufinden, warum der Levit und der Priester nicht anhielten. Manchmal vermuten wir, sie waren gerade auf dem Weg zu einer kirchlichen Versammlung und mußten weitergehen nach Jerusalem, um nicht zu spät zu kommen. Oder unsere Spekulationen beziehen sich auf jenes religiöses Gesetz, wonach »jemand, der an religiösen Zeremonien teilnehmen wollte, 24 Stunden vor der Zeremonie keinen menschlichen Körper mehr anrühren durfte«. Und gelegentlich fragen wir uns, ob sie vielleicht nach Jerusalem oder Jericho gingen, um eine »Vereinigung zur Verbesserung der Straße nach Jericho« zu organisieren. Das ist denkbar. Vielleicht waren sie der Meinung, es sei besser, das Problem bei der Wurzel zu packen, statt sich an ein einzelnes Symptom zu verlieren.

Doch laßt mich erzählen, was ich vermute: Möglicherweise hatten diese Männer Angst. Denn die Straße nach Jericho ist gefährlich. Ich entsinne mich noch der Situation, als meine Frau und ich zum erstenmal in Jerusalem waren. Wir mieteten ein Auto und fuhren von Jerusalem hinunter nach Jericho. Als wir erst eine kurze Strecke auf der Straße gefahren waren, sagte ich zu meiner Frau: »Ich verstehe, warum Jesus diese Straße als Szenerie für das Gleichnis verwendet hat.« Es handelt sich nämlich um eine Straße mit vielen Kurven und Serpentinen. Sie lädt förmlich dazu ein, einen Hinterhalt zu errichten. Man fährt in Jerusalem los, diese Stadt liegt etwa 1200 Fuß über dem Meeresspiegel. Wenn man 15 bis 20 Minuten später in Jericho ankommt, befindet man sich etwa 2200 Fuß unter dem Meeresspiegel. Es ist wirklich eine gefährliche Straße. Zur Zeit Jesu war sie bekannt als der »Blutpaß«.

Möglicherweise schauten sich der Levit und der Priester den Mann am Boden an und fragten sich, ob die Räuber wohl noch in der Nähe wären. Oder sie waren der Meinung, der Mann auf dem Boden markiere nur. Vielleicht täuschte er einen Überfall und Verletzungen vor, um sie anzulocken und dann auf einfache und schnelle Weise gefangenzunehmen.

Deshalb war die erste Frage, die sich der Priester wie der Levit stellten: »Wenn ich anhalte, um diesem Mann zu helfen, was wird mir passieren?« Aber dann kam der barmherzige Samariter vorbei und kehrte die Frage um: »Wenn ich nicht anhalte, um diesem Mann zu helfen, was wird ihm dann passieren?« Das ist die Frage, die heute abend vor euch steht. Nicht: »Wenn ich anhalte, um den Müllarbeitern zu helfen, was wird dann aus meiner Arbeit?« Nicht: »Wenn ich anhalte, um den Müllarbeitern zu helfen, was wird dann aus all den Stunden, die ich als Pastor normalerweise täglich und wöchentlich in meinem Büro verbringe?« Die Frage ist nicht: »Wenn ich anhalte, um diesem Mann in Not zu helfen, was wird mir passieren?« Die Frage ist: »Wenn ich nicht anhalte, um den Müllarbeitern zu helfen, was wird ihnen passieren?« Das ist die Frage! Laßt uns heute abend aufstehen mit einer größeren Bereitschaft.

Laßt uns feststehen mit größerer Bestimmtheit. Laßt uns vorangehen in diesen Tagen machtvoller Herausforderung mit dem Ziel, Amerika zu dem zu machen, was es sein sollte. Wir haben die Gelegenheit, aus Amerika eine bessere Nation zu machen.

Auch heute möchte ich Gott danken für die Gelegenheit, hier bei euch zu sein. Wie ihr wißt, signierte ich vor einigen Jahren in New York City mein erstes Buch. Und während ich saß, um die Autogramme zu geben, kam eine geistesgestörte schwarze Frau auf mich zu. Ich hörte von ihr nur eine Frage: »Sind Sie Martin Luther King?« Ich schaute gerade herunter auf meine Unterschriften und sagte: »Ja«. Und in der nächsten Minute fühlte ich einen Schlag gegen meine Brust. Bevor ich es merkte, hatte mir jene geistesgestörte Frau einen Stich versetzt. Ich wurde so schnell wie möglich in das Harlem Hospital gebracht. Es war ein unglücklicher Samstagnachmittag. Die Klinge des Messers war weit vorgedrungen und ihre Spitze reichte, wie die Röntgenaufnahmen zeigten, fast bis an die Aorta, die Hauptschlagader. Und wenn diese Ader durchschlagen ist, dann ertrinkt man in seinem eigenen Blut – das ist das Ende.

Die New York Times berichtete am nächsten Tag, daß ich gestorben wäre, wenn ich nur geniest hätte. Etwa vier Tage später, nach der Operation, nachdem die Klinge herausgenommen war, erlaubte man mir, mich im Rollstuhl innerhalb des Krankenhauses zu bewegen. Ich durfte auch einen Teil der an mich gerichteten Post lesen. Freundliche Briefe kamen aus allen Staaten, aus der ganzen Welt. Ich las einige, doch einen werde ich nie vergessen. Ich erhielt ein Schreiben vom Präsidenten und vom Vizepräsidenten. Ich habe den Inhalt jener Telegramme vergessen. Ich erhielt einen Besuch und einen Brief vom Gouverneur von New York, doch ich habe vergessen, was in jenem Brief stand. Aber da war noch ein anderer Brief, von einem jungen Mädchen, das die White Plains High School besuchte. Ich las jenen Brief, und ich werde ihn nie vergessen. Er lautete ganz schlicht: »Lieber Dr. King! Ich bin eine Schülerin der 9. Klasse in der White Plains High School. Es sollte zwar keine Rolle spielen, aber ich möchte doch erwähnen: ich bin ein weißes Mädchen. In der Zeitung las ich von Ihrem Mißgeschick und Ihrem Leiden. Ich las auch, daß Sie gestorben wären, wenn Sie hätten niesen müssen. Ich schreibe Ihnen ganz einfach deswegen, weil ich Ihnen sagen möchte: Ich bin so glücklich, daß Sie nicht niesen mußten.«

Ja, ihr sollt heute abend wissen: auch ich bin glücklich, daß ich nicht niesen mußte. Denn: hätte ich geniest, wäre ich 1960 nicht in diesem Gebiet gewesen, als Studenten in allen Gegenden des Südens mit sit-ins an den Imbißtheken begannen. Ich wußte: als sie diese sit-ins durchführten, traten sie ein für die besten Elemente des amerikanischen Traums. Sie brachten die ganze Nation zurück zu jenen großen Brunnen der Demokratie, die von den Gründervätern in der Unabhängigkeitserklärung und in der Verfassung tief gegraben worden waren. Hätte ich geniest, wäre ich 1961 nicht hier gewesen, als wir uns zu einer Freiheitsfahrt entschlossen und der Rassentrennung im Verkehr zwischen den Bundesstaaten ein Ende machten. Hätte ich geniest, wäre ich 1962 nicht hier gewesen, als die Neger von Albany, Georgia, sich entschlossen, den Rücken aufzurichten. Immer, wenn Männer und Frauen ihren Rücken aufrichten, dann machen sie Fortschritte. Denn niemand kann auf einem Rücken reiten, wenn er nicht gebeugt ist. Hätte ich geniest, ich wäre 1963 nicht hier gewesen, als die schwarzen Einwohner von Birmingham, Alabama, das Gewissen der Nation anrührten und die Bürgerrechtsgesetzgebung auslösten. Hätte ich geniest, ich hätte später im August keine Gelegenheit gehabt, Amerika von meinem Traum zu erzählen. Hätte ich geniest, ich hätte nicht die eindrucksvolle Bewegung in Selma, Alabama, miterleben können. Hätte ich geniest, ich hätte nicht gesehen, wie in Memphis eine Gemeinschaft jenen Brüdern und Schwestern zu Hilfe kommt, die leiden. Ich bin so froh, daß ich nicht niesen mußte.

Und man sagte mir ... Nun, das spielt jetzt keine Rolle. Es spielt wirklich keine Rolle, was jetzt geschieht. Ich verließ Atlanta heute früh, wir waren eine Gruppe von sechs, und als der Flug begann, sagte der Pilot über den Lautsprecher: »Entschuldigen Sie bitte die Verspätung, aber wir haben Dr. Martin Luther King an Bord. Um sicher zu gehen, daß alles Gepäck kontrolliert und alles an Bord in Ordnung war, mußten wir alles sorgfältig prüfen. Das Flugzeug wurde die ganze Nacht bewacht.« Und dann landete ich in Memphis. Und einige sprachen von den Drohungen, die im Umlauf waren, und von dem, was mir von einigen unserer kranken weißen Brüder widerfahren könnte.

Nun, ich weiß nicht, was jetzt geschehen wird. Schwierige Tage liegen vor uns. Aber das macht mir jetzt wirklich nichts aus. Denn ich bin auf dem Gipfel des Berges gewesen. Ich mache mir keine Sorgen. Wie jeder andere würde ich gern lange leben. Langlebigkeit hat ihren Wert. Aber darum bin ich jetzt nicht besorgt. Ich möchte nur Gottes Willen tun. Er hat mir erlaubt, auf den Berg zu steigen. Und ich habe hinübergesehen. Ich habe das Gelobte Land gesehen. Vielleicht gelange ich nicht dorthin mit euch. Aber ihr sollt heute abend wissen, daß wir, als ein Volk, in das Gelobte Land gelangen werden. Und deshalb bin ich glücklich heute abend. Ich mache mir keine Sorgen wegen irgend etwas. Ich fürchte niemanden. Meine Augen haben die Herrlichkeit des kommenden Herrn gesehen.

8. Der »Tambourmajor-Instinkt« *

(Auszug)

...Gelegentlich denke ich an meinen eigenen Tod und meine eigene Beerdigung ... Gelegentlich frage ich mich: Was sollte nach meinem Wunsch dann gesagt werden? ... Ich möchte, daß jemand an jenem Tag sagt: »Martin Luther King versuchte mit seinem Leben anderen zu dienen.« Ich möchte, daß jemand an jenem Tag sagt: »Martin Luther King versuchte, Liebe zu üben.« Ich möchte, daß ihr an jenem Tag sagt, daß ich versuchte, in der Kriegsfrage auf der richtigen Seite zu stehen. Ich möchte, daß ihr an jenem Tag sagen könnt, ich versuchte, die Hungrigen zu speisen. Und ich möchte, daß ihr an jenem Tag sagen könnt, ich versuchte in meinem Leben, die Nackten zu kleiden. Ich möchte, daß ihr an jenem Tag sagt, ich versuchte in meinem Leben, die im Gefängnis zu besuchen. Ich möchte, daß ihr sagt, ich versuchte, die Menschheit zu lieben und ihr zu dienen.

Ja, wenn ihr sagen wollt, daß ich wie ein Tambourmajor vorausging, dann sagt, daß ich ein Tambourmajor für Gerechtigkeit war; daß ich ein Tambourmajor für den Frieden war; daß ich ein Tambourmajor für Rechtschaffenheit war ...

* Schluß einer Predigt über Markus 10,35–45, gehalten am 4. Februar 1968 in der Ebenezer Baptist Church in Atlanta.

Anhang

9. Ich habe einen Traum*

Ich freue mich, heute mit euch zusammen an einem Ereignis teil-
zunehmen, das als die größte Demonstration für die Freiheit in die
Geschichte unserer Nation eingehen wird. Vor hundert Jahren
unterzeichnete ein großer Amerikaner, in dessen symbolischem
Schatten wir heute stehen, die Emanzipationsproklamation. Dieser bedeutsame Erlaß war ein großes Leuchtfeuer der Hoffnung
für Millionen von Negersklaven, die von den Flammen vernichtender Ungerechtigkeit gebrandmarkt waren. Er kam wie ein
freudiger Tagesanbruch nach der langen Nacht ihrer Gefangen-
schaft. Aber hundert Jahre später ist der Neger immer noch nicht
frei. Hundert Jahre später ist das Leben des Negers immer noch
verkrüppelt durch die Fesseln der Rassentrennung und die Ketten
der Diskriminierung. Hundert Jahre später lebt der Neger auf einer einsamen Insel der Armut inmitten eines riesigen Ozeans materiellen Reichtums. Hundert Jahre später schmachtet der Neger
immer noch am Rande der amerikanischen Gesellschaft und befindet sich im eigenen Land im Exil. Deshalb sind wir heute hierher gekommen, um eine schändliche Situation zu dramatisieren.

In gewissem Sinne sind wir in die Hauptstadt unseres Landes gekommen, um einen Scheck einzulösen. Als die Architekten unserer Republik die großartigen Worte der Verfassung und der Unabhängigkeitserklärung schrieben, unterzeichneten sie einen
Schuldschein, zu dessen Einlösung alle Amerikaner berechtigt
sein sollten. Dieser Schein enthielt das Versprechen, daß allen
Menschen – ja, schwarzen Menschen ebenso wie weißen – die un-
veräußerlichen Rechte auf Leben, Freiheit und den Anspruch auf
Glück garantiert würden. Es ist heute offenbar, daß Amerika
seinen Verbindlichkeiten nicht nachgekommen ist, soweit es die
schwarzen Bürger betrifft. Statt seine heiligen Verpflichtungen zu

---

* Ansprache im Rahmen des »Marsches nach Washington«, gehalten am
28. August 1963 vor dem Lincoln Memorial in Washington, D. C.

erfüllen, hat Amerika den Negern einen Scheck gegeben, der mit dem Vermerk zurückgekommen ist: »Keine Deckung vorhanden«.

Aber wir weigern uns zu glauben, daß die Bank der Gerechtigkeit bankrott ist. Wir weigern uns zu glauben, daß es nicht genügend Gelder in den großen Stahlkammern der Gelegenheiten in diesem Land gibt.

So sind wir gekommen, diesen Scheck einzulösen, einen Scheck, der uns auf Verlangen die Reichtümer der Freiheit und die Sicherheit der Gerechtigkeit geben wird.

Wir sind auch zu dieser würdigen Stätte gekommen, um Amerika an die grimmige Notwendigkeit des Jetzt zu erinnern. Jetzt ist nicht die Zeit, wo man sich den Luxus einer »Abkühlungsperiode« leisten oder die Beruhigungsmittel langsamen, schrittweisen Fortschritts einnehmen kann. Jetzt ist es Zeit, die Versprechungen der Demokratie Wirklichkeit werden zu lassen. Jetzt ist es Zeit, aus dem dunklen und trostlosen Tal der Rassentrennung aufzubrechen und den hellen Weg der Gerechtigkeit für alle Rassen zu beschreiten. Jetzt ist es Zeit, unsere Nation aus dem Flugsand rassischer Ungerechtigkeit zu dem festen Felsen der Brüderlichkeit emporzuheben. Jetzt ist es Zeit, Gerechtigkeit für alle Kinder Gottes Wirklichkeit werden zu lassen. Es wäre verhängnisvoll für diese Nation, wenn sie nicht die Dringlichkeit der gegenwärtigen Lage wahrnehmen würde. Dieser heiße Sommer der berechtigten Unzufriedenheit des Negers wird nicht zu Ende gehen, solange nicht ein belebender Herbst der Freiheit und Gerechtigkeit begonnen hat. 1963 ist kein Ende, sondern ein Anfang. Wer hofft, der Neger werde jetzt zufrieden sein, nachdem er Dampf abgelassen hat, wird ein böses Erwachen haben, wenn die Nation wieder weitermacht wie vorher.

Es wird weder Ruhe noch Rast in Amerika geben, bis dem Neger die vollen Bürgerrechte zugebilligt werden. Die Stürme des Aufruhrs werden weiterhin die Grundfesten unserer Nation erschüttern, bis der helle Tag der Gerechtigkeit anbricht. Und das muß ich meinem Volk sagen, das an der abgenutzten Schwelle der Tür steht, die in den Palast der Gerechtigkeit führt: während wir versuchen, unseren rechtmäßigen Platz zu gewinnen, dürfen wir uns keiner unrechten Handlung schuldig machen. Laßt uns nicht aus dem Kelch der Bitterkeit und des Hasses trinken, um unseren Durst nach Freiheit zu stillen.

Wir müssen unseren Kampf stets auf der hohen Ebene der Würde und Disziplin führen. Wir dürfen unseren schöpferischen Protest nicht zu physischer Gewalt herabsinken lassen. Immer wieder müssen wir uns zu jener majestätischen Höhe erheben, auf der wir physischer Gewalt mit der Kraft der Seele entgegentreten. Der wunderbare, neue kämpferische Geist, der die Gemeinschaft der Neger erfaßt hat, darf uns nicht verleiten, allen Weißen zu mißtrauen. Denn viele unserer weißen Brüder – das beweist ihre Anwesenheit heute – sind zu der Einsicht gekommen, daß ihre Zukunft mit der unseren untrennbar verbunden ist. Sie sind zu der Einsicht gekommen, daß ihre Freiheit von unserer Freiheit nicht zu lösen ist. Wir können nicht allein marschieren. Und wenn wir marschieren, müssen wir uns verpflichten, stets weiter zu marschieren. Wir können nicht umkehren.

Es gibt Leute, die fragen diejenigen, die sich der Sache der Bürgerrechte verpflichtet fühlen: »Wann werdet ihr endlich zufriedengestellt sein?« Wir können niemals zufriedengestellt sein, solange der Neger das Opfer der unaussprechlichen Schrecken polizeilicher Brutalität ist. Wir können nicht zufriedengestellt sein, solange unsere müden Leiber nach langer Reise in den Motels an den Landstraßen und den Hotels der großen Städte keine Unterkunft finden. Wir können nicht zufriedengestellt sein, solange die Bewegungsfreiheit der Neger in erster Linie darin besteht, von einem kleinen Getto in ein größeres zu geraten. Wir können nicht zufriedengestellt sein, solange noch unsere Kinder ihrer Freiheit und Würde beraubt werden durch Zeichen, auf denen es heißt: »Nur für Weiße«. Wir können nicht zufriedengestellt sein, solange der Neger in Mississippi nicht das Stimmrecht hat und der Neger in New York niemand hat, den er wirklich wählen möchte. Nein, wir sind nicht zufriedengestellt, und wir werden nicht zufriedengestellt sein, bis das Recht strömt wie Wasser und die Gerechtigkeit wie ein mächtiger Strom.

Ich weiß wohl, daß manche unter euch hierhergekommen sind aus großer Bedrängnis und Trübsal. Einige von euch sind direkt aus engen Gefängniszellen gekommen. Einige von euch sind aus Gegenden gekommen, wo ihr aufgrund eures Verlangens nach Freiheit mitgenommen und erschüttert wurdet von den Stürmen der Verfolgung und polizeilicher Brutalität.

Ihr seid die Veteranen schöpferischen Leidens. Macht weiter und vertraut darauf, daß unverdientes Leiden erlösende Qualität hat. Geht zurück nach Mississippi, geht zurück nach Georgia, geht zurück nach Louisiana, geht zurück in die Slums und Gettos der

Großstädte im Norden in dem Wissen, daß die jetzige Situation geändert werden kann und wird. Laßt uns nicht Gefallen finden am Tal der Verzweiflung.

Heute sage ich euch, meine Freunde, trotz der Schwierigkeiten von heute und morgen habe ich einen Traum. Es ist ein Traum, der tief verwurzelt ist im amerikanischen Traum. Ich habe einen Traum, daß eines Tages diese Nation sich erheben wird und der wahren Bedeutung ihres Credos gemäß leben wird: »Wir halten diese Wahrheit für selbstverständlich: daß alle Menschen gleich erschaffen sind.« Ich habe einen Traum, daß eines Tages auf den roten Hügeln von Georgia die Söhne früherer Sklaven und die Söhne früherer Sklavenhalter miteinander am Tisch der Brüderlichkeit sitzen können. Ich habe einen Traum, daß sich eines Tages selbst der Staat Mississippi, ein Staat, der in der Hitze der Ungerechtigkeit und Unterdrückung verschmachtet, in eine Oase der Freiheit und Gerechtigkeit verwandelt.

Ich habe einen Traum, daß meine vier kleinen Kinder eines Tages in einer Nation leben werden, in der man sie nicht nach ihrer Hautfarbe, sondern nach ihrem Charakter beurteilen wird. Ich habe einen Traum ... Ich habe einen Traum, daß eines Tages in Alabama, mit seinen bösartigen Rassisten, mit einem Gouverneur, von dessen Lippen Worte wie »Intervention« und »Annullierung der Rassenintegration« triefen ..., daß eines Tages genau dort in Alabama kleine schwarze Jungen und Mädchen die Hände schütteln mit kleinen weißen Jungen und Mädchen als Brüder und Schwestern.

Ich habe heute einen Traum ... Ich habe einen Traum, daß eines Tages jedes Tal erhöht und jeder Hügel und Berg erniedrigt wird. Die rauhen Orte werden geglättet und die unebenen Orte begradigt werden.

Und die Herrlichkeit des Herrn wird offenbar werden, und alles Fleisch wird es sehen. Das ist unsere Hoffnung. Mit diesem Glauben kehre ich in den Süden zurück. Mit diesem Glauben werde ich fähig sein, aus dem Berg der Verzweiflung einen Stein der Hoffnung zu hauen. Mit diesem Glauben werden wir fähig sein, die schrillen Mißklänge in unserer Nation in eine wunderbare Symphonie der Brüderlichkeit zu verwandeln. Mit diesem Glauben werden wir fähig sein, zusammen zu arbeiten, zusammen zu beten, zusammen zu kämpfen, zusammen ins Gefängnis zu gehen, zusammen für die Freiheit aufzustehen, in dem Wissen, daß wir eines Tages frei sein werden.

Das wird der Tag sein, an dem alle Kinder Gottes diesem Lied eine neue Bedeutung geben können: »Mein Land, von dir, du Land der Freiheit, singe ich. Land, wo meine Väter starben, Stolz der Pilger, von allen Bergen laßt die Freiheit erschallen.« Soll Amerika eine große Nation werden, dann muß dies wahr werden. So laßt die Freiheit erschallen von den gewaltigen Gipfeln New Hampshires. Laßt die Freiheit erschallen von den mächtigen Bergen New Yorks, laßt die Freiheit erschallen von den hohen Alleghenies in Pennsylvania. Laßt die Freiheit erschallen von den schneebedeckten Rocky Mountains in Colorado. Laßt die Freiheit erschallen von den geschwungenen Hängen Kaliforniens.

Aber nicht nur das, laßt die Freiheit erschallen von Georgias Stone Mountain. Laßt die Freiheit erschallen von Tennessees Lookout Mountain. Laßt die Freiheit erschallen von jedem Hügel und Maulwurfshügel Mississippis, von jeder Erhebung. Laßt die Freiheit erschallen!

Wenn wir die Freiheit erschallen lassen – wenn wir sie erschallen lassen von jeder Stadt und jedem Weiler, von jedem Staat und jeder Großstadt, dann werden wir den Tag beschleunigen können, an dem alle Kinder Gottes – schwarze und weiße Menschen, Juden und Heiden, Protestanten und Katholiken – sich die Hände reichen und die Worte des alten Negro Spiritual singen können: »Endlich frei! Endlich frei! Großer allmächtiger Gott, wir sind endlich frei!«

Literatur in
GTB Siebenstern

Pär Lagerkvist
Barabbas
Mit einem Brief von André Gide.
Aus dem Schwedischen übertragen von Edzard Schaper.
192 Seiten. 7,80 DM (1002)
Lagerkvist beschreibt bedeutende Aspekte des Bösen, des
Leidens, des Todes, der Erlösung. Seiner kräftig-rustikalen
Holzschnittmanier gelingt es,
den religiös-historischen Roman
auf eine ganz andere Ebene
zu heben.

Ingeborg Drewitz
Die Samtvorhänge
Erzählungen, Szenen, Berichte
124 Seiten. 7,80 DM (273)
Ingeborg Drewitz versteht sich
als engagierte Schriftstellerin.
Stellvertretend für ihre Zeit-
genossen ficht sie gegen Leiden,
Unrecht und Verworrenheiten.

Marie Luise Kaschnitz
Seid nicht so sicher!
Geschichten, Gedichte,
Gedanken
96 Seiten. 7,80 DM (302)
In Szenen, Versen und aphoristi-
schen Notizen teilt die Dichterin
mit, wie Leben erfahren wird und
zu bewerten ist. Für dieses
Leben, für das, was es bedroht
und was ihm Sinn gibt, bittet sie
mit jedem ihrer Worte um Aufmerksamkeit.

Rudolf Otto Wiemer
Der Engel bei Bolt an der Ecke
Erzählungen und Erzählgedichte
128 Seiten. 4,80 DM (200)

Rufe
Religiöse Lyrik der Gegenwart 1
Herausgegeben von Erhard
Domay, Johannes Jourdan und
Horst Nitschke.
96 Seiten. 7,80 DM (301)

Wolfdietrich Schnurre
Klopfzeichen
Erzählungen und Gedichte
124 Seiten mit 13 Illustrationen
des Verfassers. 5,80 DM (261)

Elie Wiesel
Die Nacht
Mit einer Vorrede von François
Mauriac. Aus dem Französischen
übertragen von Curt Meyer-Cla-
son. 147 Seiten. 5,80 DM (347)
Elie Wiesel gehört zu jenen, die
das Grauen der Konzentrationslager und der Gaskammer überlebten. »Sein erschütterndes
Buch, das Spuren biographi-
schen Erlebens trägt, wird von
bedeutenden Männern der Literatur als eines der wichtigsten
Bücher dieser Jahre bezeichnet.«
Le Monde

Willy Kramp
**Herr Adamek und die Kinder
der Welt**
Erlebnisse eines Arglosen
237 Seiten. 7,80 DM (322)

Rudolf Hagelstange
Letzte Nächte
Mit 7 Illustrationen von Bernhard
Kühlewein
94 Seiten. 6,80 DM (323)

017 A

Gütersloher Verlagshaus Gerd Mohn